1일 1독해

초등 사회 ❶

"하루 15분" 똑똑한 공부 습관

1일 1독해

초판 4쇄	2025년 1월 20일
초판 1쇄	2022년 6월 20일
펴낸곳	메가스터디(주)
펴낸이	손은진
개발 책임	김문주
개발	양수진, 최성아, 최란경
글	구름돌
그림	이혜승, 유남영
디자인	이정숙, 주희연
마케팅	엄재욱, 김상민
제작	이성재, 장병미
사진 제공	국립중앙박물관, 국립민속박물관, 서울역사박물관, 위키피디아, 토픽이미지스, Getty Images Bank
주소	서울시 서초구 효령로 304(서초동) 국제전자센터 24층
대표전화	1661.5431
홈페이지	http://www.megastudybooks.com
출판사 신고 번호	제 2015-000159호
출간제안/원고투고	메가스터디북스 홈페이지 <투고 문의>에 등록

일러두기
· 맞춤법과 띄어쓰기는 국립국어원에서 펴낸 《표준국어대사전》을 기준으로 삼되, 초등학교 교과서의 표기를 참고했습니다.
· 외국의 인명과 지명은 국립국어원에서 펴낸 《외래어 표기법》을 따랐습니다.
· 본 저작물은 공공누리 제1유형에 따라 공공 저작물을 이용하였습니다.

메가스터디BOOKS

'메가스터디북스'는 메가스터디㈜의 교육, 학습 전문 출판 브랜드입니다.

초중고 참고서는 물론, 어린이/청소년 교양서, 성인 학습서까지 다양한 도서를 출간하고 있습니다.

KC
· **제품명** 1일 1독해 초등 사회 1
· **제조자명** 메가스터디㈜ · **제조년월** 판권에 별도 표기 · **제조국명** 대한민국 · **사용연령** 3세 이상
· **주소 및 전화번호** 서울시 서초구 효령로 304(서초동) 국제전자센터 24층 / 1661-5431

매일매일 공부 습관을 길러 주는 공부 친구

내 이름은 체키
Checky

· 나이 ·
11세

· 태어난 곳 ·
태양계 시간성

왕크왕귀

· 특징 ·
몸집에 비해, 손과 발이 극도로 작다.
매력포인트는 왕 큰 양쪽 귀와 45도로 뻗은 진한 콧수염.

· 성격 ·
허술해 보이는 외모와 다르게 치밀하고, 자신감이 넘친다.

· 지구별에 오게 된 사연 ·
태양계 시간성에서 Wake-up을 담당하는 자명종으로 태어나 지구별로 오게 됐으나,
신기한 지구 생활 매력에 푹 빠져, 하루 종일 신나는 모험 중이다.

하루 15분!

· 새로운 재능 ·
'초집중 탐구력'을 발견하고 마음껏 뽐내고 있다.

· 특기 ·
롤롤이 타고 탐험하기

체키 전용 롤러보드
롤롤이

· 꿈 ·
메가스터디북스 모든 책의 주인공 되기

1일 1독해

우리 아이 10년 뒤를 바꾸는 독해력!

독해력은 모든 학습의 기초 체력입니다. 초등 시기에 제대로 읽고 이해하는 독해력을 탄탄하게 다져 놓으면, 중학생, 고등학생이 되어 아무리 어려운 지문과 문제를 접하더라도 그 내용을 잘 이해할 수 있고 차근차근 문제를 풀 수 있습니다. 독해력이 뛰어난 아이일수록 여러 교과의 내용을 쉽게 이해할 수 있고, 자신의 생각을 풍부하고 명확하게 표현할 수 있습니다.

왜? 1일 1독해일까?

〈1일 1독해〉 시리즈는 주제에 맞는 이야기가 짧은 지문으로 제시되어 부담 없이 매일 한 장씩 풀기 좋습니다. 독해는 어릴 때 습관을 잡아 주는 것이 가장 중요합니다. 메가스터디북스의 〈1일 1독해〉 시리즈로 몸의 근육을 키우듯 **아이의 학습 근육을 키워 주세요.**

1일 1독해, 엄마들이 선택한 이유가 있습니다!

1 아이가 재미있어서 스스로 보는 책

왜 아이들은 1일 1독해를 "재미있다"고 할까요?
눈높이에 맞는 흥미로운 주제의 지문들을 읽는 즐거움이 있기 때문입니다.
지문을 읽고 바로바로 문제를 풀어 확인하는 단순한 학습 패턴에서 아이는 공부의 재미를 느끼게 됩니다.

2 매일 완독하니까 성공의 경험이 쌓이는 책

하루 15분! 지문 1쪽, 문제 1쪽의 부담 없는 학습량으로 아이는 매일매일 성공적인 학습을 경험합니다.
매일 느끼는 성취감은 꾸준한 학습 습관으로 이어지고, 완독의 경험이 쌓여 아이의 공부 기초 체력이 됩니다.

3 독해 학습과 배경지식 확장이 가능한 책

한국사, 세계사, 사회 등 교과 연계 주제 지문으로 교과 학습 대비가 가능하고,
세계 명작, 고전, 인물까지 인문 교양과 관련된 폭넓은 주제의 지문으로 배경지식을 확장시킬 수 있습니다.
또한 다양한 유형의 문제로 독해력을 키우는 데 효과적입니다.

메가스터디북스 1일 1독해 시리즈

〈1일 1독해〉 시리즈는 독해를 시작하는 예비 초~저학년을 위한 **이야기 시리즈**, 초등학교 전학년이 볼 수 있는 교과 연계 중심의 **교과학습 시리즈**, 배경지식을 확장해 주는 **인문교양 시리즈**로 구성하였습니다.

예비 초~2학년

이야기

과학 이야기 ❶~❻
세계 나라 ❶, ❷
세계 명작
마음 이야기

전 10권

호기심을 키우는 다양한 주제의 이야기로, 아이가 관심 있는 주제부터 시작하여 차근차근 독해력을 길러 줍니다.

초등 교과학습

한국사

❶ 선사~통일 신라, 발해편
❷ 후삼국~고려 시대편
❸ 조선 시대편 (상)
❹ 조선 시대편 (하)
❺ 대한 제국~현대편

전 5권

우리 역사의 주요 사건과 인물을 시대별로 구성하여, 한국사의 흐름을 이해하고 교과 학습에 대비할 수 있습니다.

세계사

❶ 고대편
❷ 중세편
❸ 근대편 (상)
❹ 근대편 (하)
❺ 현대편

전 5권

세계사의 주요 장면들을 독해로 학습하며 우리 아이가 반드시 알아야 할 세계사 지식을 시대별 흐름에 맞춰 익힐 수 있습니다.

초등 사회

❶~❺

전 5권

사회 문화, 지리, 전통문화, 정치, 경제 등의 사회 교과 독해를 통해 교과 학습에 대비할 수 있습니다.

초등 인문교양

세계 고전 50 │ 우리 고전 50

세계 고전 50 ❶, ❷
우리 고전 50
❶ 삼국유사 설화
❷ 교과서 고전문학

전 4권

초등학생이 꼭 읽어 두어야 할 세계 고전 50편과 우리 고전 50편을 하이라이트로 미리 접하며 교양을 쌓을 수 있습니다.

세상을 바꾼 인물 100

❶ 문화·예술
❷ 과학·기술
❸ 의료·봉사
❹ 경제·정치

전 4권

교과서에 수록된 인물을 중심으로 초등학생이 꼭 알아야 할 위대한 인물 100명의 이야기를 통해 바른 인성을 기를 수 있습니다.

1일 1독해 구성과 특징

지문 1쪽 문제 1쪽으로 매일매일 독해력 강화!

사회 문화, 지리, 전통문화, 정치, 경제 가운데
어느 주제에 해당하는 글감인지 제시하여
지문에 대한 이해를 높이고, 일차를 표시하여
매일매일 공부 습관을 기를 수 있습니다.

각 주제에 대한 다양한 지식을 다루는 글감으로
사회 영역에 대한 탐구심을 갖게 합니다.

학습한 날짜를 기입하게 함으로써
아이의 꾸준한 학습을 유도합니다.

다양한 문제를 풀며
내용을 확실하게 이해했는지 확인합니다.

해당 주제에 관련한 용어를 설명하여
글감에 대한 이해를 높입니다.

흥미로운 활동과 이야기로 배경지식까지 풍성하게!

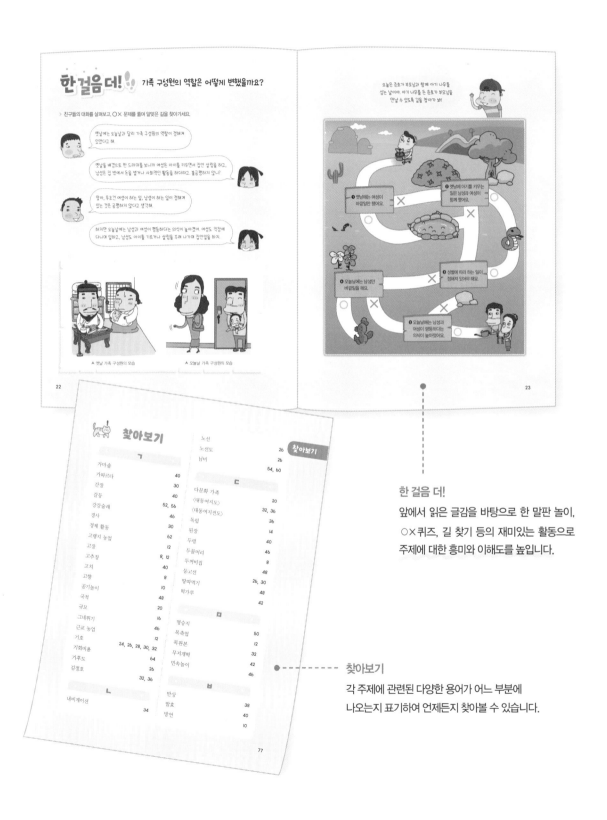

한 걸음 더!

앞에서 읽은 글감을 바탕으로 한 말판 놀이, ○×퀴즈, 길 찾기 등의 재미있는 활동으로 주제에 대한 흥미와 이해도를 높입니다.

찾아보기

각 주제에 관련된 다양한 용어가 어느 부분에 나오는지 표기하여 언제든지 찾아볼 수 있습니다.

초등 사회 ❶

사회 문화

지리

전통문화

정치

경제

고장의 이름은 어떻게 지어졌을까요?

일차

내가 살고 있는 고장의 이름에 대해 생각해 본 적이 있나요? '지명'은 어떤 고장의 이름을 말하는데, 지명을 잘 살펴보면 고장에 대한 여러 가지 정보를 얻을 수 있어요.

경기도 양수리에 있는 '두물머리'는 남한강과 북한강의 두 물줄기가 머리를 맞대듯 하나로 만나 흐르는 모양에서 이름을 따왔어요. 제주도 서귀포시에는 '하논'이라는 곳이 있어요. 분화구였던 하논은 물이 고여 있어 일찍부터 논농사가 이루어졌어요. 그래서 주민들은 이 지역을 '큰 논'이라는 뜻의 '하논'으로 불렀지요. 이처럼 지명으로 고장의 지형*과 관련된 특징을 알 수 있어요.

조선 시대에는 누에를 기르는 '양잠'을 장려*했어요. 누에가 뽕나무의 잎을 먹고 자라 고치*를 만들면, 사람들은 고치에서 실을 뽑아 그 실로 비단을 짤 수 있었기 때문이에요. 조선의 제4대 왕인 세종은 '잠실도회처*'에 들러 누에와 뽕나무가 잘 자라는지 살펴보곤 했는데, 이곳의 이름에서 서울에 있는 '잠실'이라는 지명이 유래*되었어요.

이처럼 지명을 통해 고장의 지형과 관련된 특징뿐만 아니라 역사적 사실까지도 짐작할 수 있어요.

논이 크다고 해서 하논이라 부르는군.

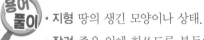

읽은 것 확인하기

1 지명에 대한 설명으로 맞으면 ◯, 틀리면 ✕ 하세요.

(1) 지명에서는 고장에 대한 정보를 얻을 수 없어요.　　　　(　　　)

(2) 지명은 어떤 고장의 이름을 말해요.　　　　(　　　)

(3) 지명을 통해 역사적 사실을 짐작할 수 있어요.　　　　(　　　)

2 남한강과 북한강의 두 물줄기가 머리를 맞대듯 하나로 만나 흐르는 모양에서 따온 지명을 찾아 글자를 색칠하세요.

두　　　오　　　물　　　어　　　미　　　리

3 설명에 알맞은 지명을 찾아 줄로 이으세요.

| 누에와 뽕나무가 자라는 곳 | • | | • | 하논 |
| 큰 논에서 논농사를 했던 곳 | • | | • | 잠실 |

4 잠실도회처에 대한 글을 읽으면서 알맞은 말에 ◯ 하세요.

> 조선 시대에는 (양복 / 양잠)을 장려했는데, 조선의 제4대 왕인 (세종 / 태종)은 잠실도회처에 들러 누에와 뽕나무가 잘 자라는지 살펴보았어요.

용어풀이
- **지형** 땅의 생긴 모양이나 상태.
- **장려** 좋은 일에 힘쓰도록 북돋아 줌.
- **고치** 누에가 번데기로 변할 때 실을 토해 제 몸을 둘러싸서 만든 둥글고 길쭉한 모양의 집.
- **잠실도회처** 조선 시대에 각 고을에 두고 누에를 기르던 곳.
- **유래** 사물이나 일이 생겨남.

2 일차 하나의 나라에서 쓰이는 말, 표준어와 방언

　국가가 정하여 그 나라의 기준이 되는 언어를 표준어라고 해요. 우리나라의 표준어는 어떻게 정해진 걸까요? 우리나라는 '교양 있는 사람들이 두루 쓰는 현대 서울말'을 표준어로 정해 놓았어요.

　표준어를 서울말로 정한 것은 우리나라 수도인 서울이 문화, 정치, 경제 등 거의 모든 면에서 중심이 되는 곳이기 때문이에요. 옛날에는 사용했더라도 지금은 쓰지 않는 말이나 비속어*와 은어*는 표준어가 될 수 없어요. 표준어는 한 나라의 국민이 공통적으로 쓰는 언어이기 때문에 다른 지역에 사는 사람들이 만날 때 의사소통을 원활하게 도와주지요.

　한편, "혼저 옵서."라는 말을 들어본 적이 있나요? 이 말은 "어서 오세요."라는 뜻의 제주도 방언이에요. 방언은 '사투리'라고도 부르는데, 어느 한 지방에서만 사용하는 말로 다른 지역의 사람은 알아듣기 어려워요.

　방언은 어떻게 만들어지게 된 걸까요? 옛날에 우리 조상들은 자신이 태어난 고향을 거의 떠나지 않았어요. 교통이 발달되지 않아 산이나 강을 넘어 다른 지역으로 가기 어려웠기 때문이에요. 그래서 그 지역에서만 쓰는 방언이 생겨났어요. 방언은 사용하는 사람끼리 친근감을 느끼게 해 주고, 표준어로는 표현할 수 없는 미묘한 뜻을 전달할 수 있다는 장점이 있어요.

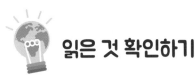 

1 표준어의 조건에 해당하지 <u>않는</u> 것을 찾아 색칠하세요.

> 은어　　　　교양 있는 사람들의 말　　　　비속어　　　　현대 서울말

2 빈 곳에 들어갈 말을 〈보기〉에서 찾아 쓰세요.

보기

의사소통

표준어

_____는 서로 다른 지역에 사는 사람들이

만날 때 _____을 원활하게 도와주어요.

3 방언에 대한 글을 읽으면서 알맞은 말에 ◯ 하세요.

> 방언은 어느 한 (지방 / 나라)에서만 사용하는 말인데, (표준어 / 사투리)라고도 부르지요.

4 방언이 생기게 된 이유를 모두 고르세요.　　　　　　　　　(　 , 　)

① 옛날에 조상들은 고향을 거의 떠나지 않았어요.

② 산이나 강을 넘어 다른 지역으로 가기 어려웠어요.

③ 같은 지방의 사람들끼리만 쓰는 말을 만들고 싶어 했어요.

④ 표준어를 배우기 어려웠어요.

 용어 풀이
・ 비속어 고상하지 못하고 천한 말.
・ 은어 다른 사람들이 알아듣지 못하도록 어떤 집단의 구성원들끼리만 자주 사용하는 말.

3 일차 고장의 환경에 따라 다른 생활 모습

사람들은 산이나 하천, 바다 등 자신이 살고 있는 고장의 자연환경을 이용하며 살아가요. 그래서 고장의 환경에 따라 사람들의 생활 모습이 달라지지요.

우리나라의 땅은 주로 높은 산이 많은 산간 지대와 평평하고 너른 들이 많은 평야 지대로 이루어져 있어요. 산간 지대는 농사지을 땅이 부족하여 이곳 사람들은 주로 밭농사를 하며 살아가요. 산의 비탈을 깎아 계단식 논을 만들기도 하고, 산에서 약초를 캐거나 버섯을 재배하고 벌을 기르기도 해요. 주로 높은 산에 위치한 곳은 여름철에도 서늘해서, 이러한 환경에서도 잘 자라는 감자나 메밀 같은 잡곡류, 배추 등의 채소를 심어 가꾸는 '고랭지 농업'을 하기도 해요. 또한, 소와 돼지 등의 가축을 기르는 목축업도 해요. 삼림욕장*이나 국립 공원을 만들어 관광객들을 불러들이기도 하지요.

평야 지대는 평평한 들이 넓게 펼쳐져 있고 물을 구하기 쉬워요. 그래서 이곳 사람들은 주로 논농사를 하며 살아가요. 평야 지대는 사람들이 모이면서 도로와 큰 건물이 지어져 도시로 발달하는 경우가 많아요. 도시와 가까운 농촌에서는 근교 농업*도 이루어져요.

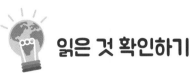

읽은 것 확인하기

1 사람들의 생활 모습은 고장의 무엇에 따라 달라지는지 알맞은 것을 고르세요.   (   )

① 풍습

② 언어

③ 지명

④ 환경

2 산간 지대에 대한 글을 읽고, 빈 곳에 알맞은 말을 쓰세요.

산간 지대에 사는 사람들은 산의 비탈을 깎아 계단식 ＿＿＿＿＿＿＿ 을 만들기도

하고, 잡곡류, 배추 등의 채소를 심어 가꾸는 ＿＿＿＿＿＿＿＿＿ 도 해요.

3 산간 지대의 사람들이 관광객들을 불러들이기 위해 만든 것을 모두 찾아 색칠하세요.

국립 공원   해수욕장   삼림욕장

4 평야 지대의 고장에 대한 설명으로 맞으면 ◯, 틀리면 ✕ 하세요.

⑴ 가축을 기르는 목축업을 해요.   (   )

⑵ 물을 구하기 쉬워 주로 논농사를 하며 살아가요.   (   )

⑶ 도시와 가까운 농촌에서는 근교 농업도 이루어져요.   (   )

용어풀이 ・**삼림욕장** 숲에서 산책을 하거나 숲의 기운을 쐴 수 있도록 환경과 시설을 갖추어 놓은 곳.

・**근교 농업** 대도시 주변에서 채소, 과실, 꽃 등을 재배하는 농업.

4 일차 가족의 의미

전통적으로 가족은 부부를 중심으로 혈연관계*에 있는 사람들의 집단 또는 그 집단의 구성원을 말해요. 하지만 오늘날에는 가족의 의미가 훨씬 넓어졌어요. 오늘날의 가족은 결혼이나 출생, 입양* 등 다양한 방법으로 집단을 이루며, 서로 유대감*을 갖고 함께 생활하는 공동체를 뜻하지요.

보통 부모와 자녀로 이루어진 가족은 자녀가 결혼을 하거나 독립*을 하기 전까지 한집에서 지내요. 그러면서 다른 사람을 배려하는 마음을 자연스럽게 배워요. 또한, 집안일을 나누어 하고 서로 도우며 공동생활을 하는 데 필요한 기본 규칙과 예절을 익혀요.

때로는 공부를 하거나 일을 하러 다른 지역으로 가는 등 다양한 이유로 가족 구성원들끼리 서로 떨어져 지내기도 해요. 또한, 형제자매끼리 다투거나 부모와 자녀 사이의 의견 차이로 인해 서로 마음이 상할 때도 있어요. 하지만 가족은 늘 사랑을 주고받으며 다른 어떤 사람들보다 가깝고 친밀한 사이인 것은 변함없어요.

▲ 친밀한 가족 구성원의 모습

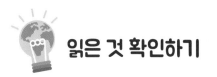

읽은 것 확인하기

1 부부를 중심으로 혈연관계에 있는 사람들의 집단을 무엇이라고 하는지 쓰세요.

✏️ _____

2 오늘날 가족 구성원을 이루는 방법을 모두 찾아 색칠하세요.

(결혼)   (독립)   (출생)   (입양)

3 가족에 대한 글을 읽으면서 알맞은 말에 ◯ 하세요.

보통 부모와 자녀로 이루어진 가족은 자녀가 (이혼 / 결혼)을 하거나 (독립 / 여행)을 하기 전까지 한집에서 지내요.

4 가족에 대한 설명으로 맞으면 ◯, 틀리면 ✕ 하세요.

⑴ 오늘날에는 가족의 의미가 훨씬 좁아졌어요.   (   )

⑵ 가족은 서로 유대감을 갖고 함께 생활하는 공동체예요.   (   )

⑶ 한집에서 같이 살아야만 가족이라 할 수 있어요.   (   )

⑷ 공동생활을 하는 데 필요한 기본 규칙과 예절을 익혀요.   (   )

용어풀이

• **혈연관계** 부모와 자식, 형제자매처럼 같은 핏줄로 연결된 인간관계.

• **입양** 자기가 낳지 않은 아이를 데려와 법률적으로 친자식과 친부모의 관계를 맺음.

• **유대감** 서로 가깝게 연결되어 있는 공통된 느낌.

• **독립** 부모의 품을 떠나 부모에게 기대지 않고 스스로 살아가는 일.

5 일차 가족의 모습은 어떻게 변했을까요?

옛날과 오늘날 가족의 모습은 어떻게 다를까요?

옛날에는 할아버지와 할머니, 아빠와 엄마, 아이가 모두 함께 사는 '확대 가족'이 대부분이었어요. 주로 논밭을 갈아 농사를 지으며 생활했는데, 일할 사람이 많이 필요한 농경 사회에 적합한 가족의 모습이었지요.

반면에 오늘날에는 부모와 결혼하지 않은 자녀가 함께 사는 '핵가족'이 대부분이에요. 옛날에 비해 가족의 규모*가 훨씬 작아지고, 가족을 이루는 모습도 다양해졌지요. 이러한 변화는 도시의 발달, 남성과 여성에게 평등한 사회 제도*, 성별에 따라 일을 구분하지 않는 사회 분위기로 인해 생긴 자연스러운 변화라고 할 수 있어요.

이 밖에도 아이 없이 부부로만 이루어진 가족도 있고, 아이와 엄마 또는 아빠로 이루어진 '한 부모 가족'도 있어요. 부부가 아이를 입양해 함께 사는 '입양 가족', 아이와 할머니 또는 할아버지로 이루어진 '조손 가족'도 있어요.

▲ 다양한 가족의 모습

읽은 것 확인하기

1　옛날 가족의 모습에 대한 글을 읽고, 빈 곳에 알맞은 말을 쓰세요.

> 옛날에는 일할 사람이 많이 필요한 농경 사회에 적합한 ＿＿＿＿＿＿＿＿＿＿이
>
> 대부분이었어요.

2　다양한 가족의 모습으로 알맞은 것을 찾아 줄로 이으세요.

| 아이가 엄마 또는 아빠와 살아요. | • | • | 한 부모 가족 |

| 부부가 아이를 입양해서 함께 살아요. | • | • | 입양 가족 |

3　조손 가족이 <u>아닌</u> 가족을 찾아 색칠하세요.

　아이와 할머니　　　　아이와 엄마　　　　아이와 할아버지

4　오늘날 가족의 모습이 다양해진 이유로 맞는 것을 모두 고르세요.　　　(　　,　　)

① 일할 사람이 많이 필요한 농경 사회이기 때문이에요.

② 남성과 여성에게 평등한 사회 제도가 영향을 주었어요.

③ 옛날보다 가족의 규모가 커졌기 때문이에요.

④ 성별에 따라 일을 구분하지 않는 사회 분위기가 영향을 주었어요.

용어풀이
- **규모** 사물이나 현상의 크기나 범위.
- **제도** 도덕, 법률 같은 규범이나 사회 구조의 체계.

6일차 옛날과 오늘날의 결혼 풍경

옛날의 결혼식 모습은 어땠을까요? 옛날에는 결혼식을 '혼례'라고 했는데, 혼례를 치르는 날이 되면 신랑이 말을 타고 신부의 집으로 갔어요. 신랑은 백년해로*를 뜻하는 기러기 모양의 나무 인형 한 쌍을 혼례상 위에 올려 두었지요. 혼례상을 사이에 둔 신랑과 신부는 마주 보고 서서 서로 큰절을 올리며 사람들 앞에서 혼인*을 알렸어요. 혼례를 끝낸 신랑과 신부는 신부의 집에서 며칠을 보낸 다음, 신랑의 집으로 갔어요. 그리고 그곳에서 신랑 가족의 어른들에게 큰절을 올리며 새 식구가 되었음을 알리는 폐백을 올렸지요.

반면 오늘날에는 전통 혼례보다 서양식으로 결혼식을 하는 경우가 많아요. 신부는 웨딩드레스를, 신랑은 턱시도를 입고 결혼식을 하지요. 또한, 결혼식을 하는 장소도 결혼식장, 성당, 공원 등 다양해요. 결혼식장에서는 신부가 아버지의 손을 잡고 입장하기도 하고, 신랑과 신부가 나란히 입장하기도 해요.

요즈음에는 결혼식을 허례허식*이라고 생각하는 사람들이 점점 많아지고 있어요. 그래서 가족 또는 아주 가까운 사람들만 초대해 간단하게 결혼식을 하거나 아예 결혼식을 하지 않는 경우도 있지요.

▲ 전통 혼례상의 모습

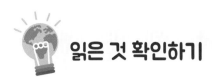

읽은 것 확인하기

1　신랑이 혼례상 위에 올려 두었던 기러기 인형 한 쌍이 뜻하는 것을 쓰세요.

✏

2　혼례에 대한 설명으로 알맞은 것을 찾아 줄로 이으세요.

| 신랑과 신부가 신랑 가족의
어른들에게 큰절을 올리는 일 | • | • | 혼인 |
| 혼례상을 사이에 둔 신랑과 신부가
마주 보며 큰절을 올리는 일 | • | • | 폐백 |

3　오늘날의 결혼식에 대한 글을 읽고, 빈 곳에 알맞은 말을 쓰세요.

어떤 사람들은 결혼식이 ＿＿＿＿＿＿＿＿＿ 이라며 가까운 사람들과 간단하게

하는 경우도 있어요.

4　오늘날 결혼식 풍경으로 맞으면 ○, 틀리면 ✕ 하세요.

⑴ 신랑이 말을 타고 신부의 집으로 가요.　　　　　　　　　　　(　　　　　)

⑵ 신부는 웨딩드레스를 입고 신랑은 턱시도를 입어요.　　　　(　　　　　)

⑶ 결혼식장, 성당, 공원 등 다양한 장소에서 결혼식을 해요.　(　　　　　)

⑷ 혼례를 끝낸 신랑과 신부는 신부의 집에서 며칠을 보내요.　(　　　　　)

• **백년해로** 부부가 되어 한평생을 사이좋게 지내고 즐겁게 함께 늙음.

• **혼인** 남자와 여자가 부부가 되는 일.

• **허례허식** 형편에 맞지 않게 겉만 번드르하게 꾸밈. 또는 그런 예절이나 양식.

7 일차 다문화 가족이란 무엇일까요?

우리나라 사람과 다른 나라 사람으로 이루어진 가족을 본 적이 있나요?

서로 다른 국적*이나 인종*, 문화를 가진 사람들로 이루어진 가족을 '다문화 가족'이라고 해요.

과거의 우리나라 사람들은 우리와 생김새가 다르거나 생활 방식이 다른 외국 사람들과 어울려 사는 것을 낯설어 했어요. 외국 문화를 접하거나 외국 사람을 만날 기회도 오늘날처럼 많지 않았고, 우리 민족과 문화에 대한 자부심*도 강했기 때문이에요. 그래서 다문화 가족에 차가운 시선을 보내기도 했어요.

예전에는 나라에서도 다문화 가족을 도와줄 방법을 마련하는 노력이 부족했어요. 그래서 우리나라에 살던 다문화 가족은 자녀의 교육이나 경제적 문제 등의 어려움을 겪기도 했지요.

오늘날에는 다문화 가족의 문화적 차이를 존중하고 이해하려는 사회적 목소리가 커지고 있어요. 나라에서도 한국어 교육이나 한국 문화 프로그램을 만들어 다문화 가족이 한국에 잘 적응할 수 있도록 돕고 있어요. 또, 어린아이를 기르는 데 도움을 주는 자녀 생활 서비스를 제공하는 등 다양한 노력도 기울이고 있지요.

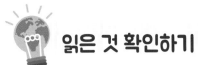

1 서로 다른 국적이나 인종, 문화를 가진 사람들로 이루어진 가족을 무엇이라고 하는지 쓰세요.

✎ _____

2 다문화 가족에 대한 글을 읽고, 빈 곳에 알맞은 말을 쓰세요.

> 우리나라 사람들은 우리 _____ 과 _____ 에 대한 자부심이
>
> 강해 다문화 가족에 차가운 시선을 보내기도 했어요.

3 다문화 가족을 돕기 위한 노력으로 **틀린** 것을 모두 고르세요.　　　(　　,　　)

① 한국 문화 프로그램을 제공해요.

② 다문화 가족의 문화적 차이를 존중하고 이해해요.

③ 우리 민족과 문화에 대한 자부심만 중요하게 생각해요.

④ 다문화 가족의 경제적 문제는 신경 쓰지 않아요.

4 다문화 가족을 위해 나라가 하고 있는 일을 모두 찾아 색칠하세요.

| 한국어 교육 | 차별 | 자녀 생활 서비스 |

 · **국적** 한 나라의 구성원이 되는 자격.

· **인종** 백인, 황인, 흑인 등 인류를 지역과 신체적 특성에 따라 구분한 종류.

· **자부심** 자기 자신 또는 자기와 관련된 것에 대해 그 가치나 능력을 믿고 당당하게 여기는 마음.

 **가족 구성원의 역할은 어떻게 변했을까요?**

> 친구들의 대화를 살펴보고, ○× 문제를 풀며 알맞은 길을 찾아가세요.

옛날에는 오늘날과 달리 가족 구성원의 역할이 정해져 있었다고 해.

옛날을 배경으로 한 드라마를 보니까 여성은 아이를 키우면서 집안 살림을 하고, 남성은 집 밖에서 돈을 벌거나 사회적인 활동을 하더라고. 불공평하지 않니?

맞아, 무조건 여성이 하는 일, 남성이 하는 일이 정해져 있는 것은 공평하지 않다고 생각해.

하지만 오늘날에는 남성과 여성이 평등하다는 의식이 높아졌어. 여성도 직장에 다니며 일하고, 남성도 아이를 기르거나 살림을 꾸려 나가며 집안일을 하지.

▲ 옛날 가족 구성원의 모습

▲ 오늘날 가족 구성원의 모습

오늘은 준호가 부모님과 함께 아기 나무를
심는 날이야. 아기 나무를 든 준호가 부모님을
만날 수 있도록 길을 찾아가 봐!

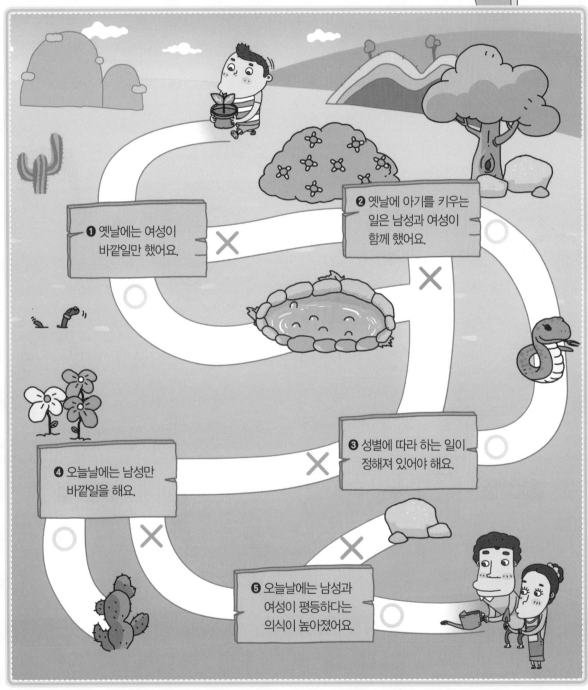

❶ 옛날에는 여성이
바깥일만 했어요.

❷ 옛날에 아기를 키우는
일은 남성과 여성이
함께 했어요.

❸ 성별에 따라 하는 일이
정해져 있어야 해요.

❹ 오늘날에는 남성만
바깥일을 해요.

❺ 오늘날에는 남성과
여성이 평등하다는
의식이 높아졌어요.

8 일차

지도란 무엇일까요?

낯선 곳에 갈 때 길을 모른다면 어떻게 해야 할까요? 다른 사람에게 물어볼 수도 있지만 지도를 찾아보는 것이 가장 정확해요.

'지도'는 우리가 살고 있는 곳을 작게 줄여서 알기 쉽게 나타낸 그림이에요. 산과 바다 같은 자연환경과 길과 건물 같은 인문 환경*을 약속된 기호*로 간단하게 나타내어 누구나 쉽게 알아볼 수 있지요.

지도는 풍경이나 사물을 그리는 그림과 무엇이 다를까요? 그림은 그리고 싶은 것을 자유롭게 그릴 수 있어요. 하지만 지도는 우리에게 자세하고 정확한 지리* 정보를 알려 주어야 하므로 정해진 약속에 따라 그려야 하지요.

지도를 그릴 때는 세 가지 약속을 지켜야 해요. 첫째, 땅을 일정한 비율*로 줄여서 나타내야 해요. 비율에 맞춰 그리면 커다란 땅도 작은 종이에 나타낼 수 있어요. 둘째, 강이나 다리 같은 여러 환경은 약속된 기호로 나타내야 해요. 기호는 사람들이 실제 지형이나 여러 환경을 쉽게 알아볼 수 있도록 도와주지요. 마지막으로 동서남북의 방향을 알 수 있도록 방위*를 꼭 표시해야 해요. 이처럼 세 가지 약속에 따라 그린 지도를 통해 우리는 정확한 위치를 알 수 있어요.

▲ 지도

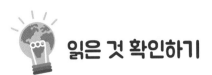 

1 지도에 대한 글을 읽으면서 알맞은 말에 ○ 하세요.

> 지도는 우리가 살고 있는 곳을 (크게 / 작게) 줄여서 알기 쉽게 나타낸 (그림 / 책)
> 이에요.

2 설명에 알맞은 것을 찾아 줄로 이으세요.

| 정해진 약속에 따라 정확하게 그려요. | • | | • | 그림 |
| 그리고 싶은 것을 자유롭게 그려요. | • | | • | 지도 |

3 지도를 그릴 때 지켜야 할 세 가지 약속으로 맞으면 ○, 틀리면 ✕ 하세요.

(1) 땅을 일정한 비율로 줄여서 나타내요.   (   )

(2) 여러 환경을 약속된 기호로 나타내요.   (   )

(3) 방위는 필요할 때만 표시해요.   (   )

4 지도에 대한 글을 읽고, '맞아요'와 '틀려요' 중에서 알맞은 쪽에 색칠하세요.

> • 강이나 다리 같은 여러 환경을 약속된 기호로 나타내요.   맞아요 틀려요
>
> • 방위를 표시하면 거리를 알 수 있어요.   맞아요 틀려요

 용어풀이
- **인문 환경** 도로나 건물과 같이 인간 활동의 결과로 만들어진 환경.
- **기호** 어떤 뜻을 나타내기 위해 쓰이는 부호, 문자, 표지를 통틀어 이르는 말.
- **지리** 여러 지역의 땅의 모양이나 길 따위의 상태. 또는 그러한 모습을 연구하는 학문.
- **비율** 기준으로 삼는 수나 양에 대한 다른 수나 양의 비.
- **방위** 동서남북의 네 방향을 기준으로 8방향 등으로 자세히 나누어 나타내는 어떠한 쪽의 위치.

9 일차

지도는 모두 똑같을까요?

지도는 길을 찾을 때에만 쓸 수 있을까요? 우리가 상황에 따라 필요한 물건을 고르는 것처럼, 지도에도 여러 종류가 있기 때문에 필요한 정보에 따라 지도를 선택할 수 있어요.

지도는 크게 '일반도'와 '주제도'로 나눌 수 있어요. 일반도는 호수, 바다, 도로 등 일반적인 것들을 기호로 표시해 놓은 지도예요. 산, 강과 같은 자연환경과 도로, 마을 같은 인문 환경을 나타낸 지형도가 일반도에 속해요. 지형도는 방위, 축척, 등고선 등 땅 위에 있는 것을 자세하게 나타내지요. 세계 여러 국가의 대륙, 국경 등을 나타낸 세계 지도도 일반도에 속해요.

그렇다면 주제도는 어떤 지도일까요? 주제도는 문화, 경제 등과 같은 특정한 주제에 따라 만든 지도를 말해요. 버스 정류장이나 지하철역에서 볼 수 있는 노선도와 일기 예보에서 볼 수 있는 기후도, 관광 안내소에서 볼 수 있는 관광 지도 등이 주제도에 속하지요. 이처럼 지도에는 우리가 생각하는 것보다 훨씬 더 다양하고, 수많은 정보가 담겨 있답니다.

▲ 주제도에 속하는 관광 지도

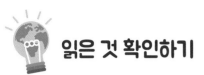

읽은 것 확인하기

1 지도에 대한 설명으로 맞으면 ○, 틀리면 ✕ 하세요.

(1) 필요한 정보에 따라 지도를 선택할 수 있어요.   (   )

(2) 자연환경을 나타낸 지도만 있어요.   (   )

(3) 지도는 크게 일반도와 주제도로 나눌 수 있어요.   (   )

(4) 지형도는 땅 위에 있는 것을 자세하게 나타내요.   (   )

2 지도에 대한 글을 읽고, 빈 곳에 알맞은 말을 쓰세요.

_____는 바다, 도로 등 일반적인 것들을 기호로 표시한 지도의 한 종류

예요.

3 일반도에 속하는 지도를 모두 찾아 색칠하세요.

지형도   버스 노선도   세계 지도   관광 지도

4 주제도에 대한 설명으로 맞는 것을 고르세요.   (   )

① 일반도는 주제도에 속해요.

② 버스 노선도는 주제도가 아니에요.

③ 관광 지도는 주제도에 속해요.

④ 주제도는 우리 주변에서 볼 수 없어요.

 용어풀이 • 노선 버스나 기차와 같은 교통 기관이 지나가는 출발 지점과 목적 지점을 잇는 선.

지도에는 어떤 기호가 사용될까요?

지도에는 여러 가지 모양의 기호가 있어요. 기호는 일정한 모양으로 정해져 있는데, 지도를 만들고 읽는 사람들 모두를 위한 약속이에요. 그렇다면 기호는 왜 필요할까요?

종이가 아무리 크다고 해도 땅 위에 있는 모든 것을 그려 넣을 수는 없어요. 그래서 실제 모습이나 특징을 본떠 기호를 만들고, 그것을 지도에 표시해요. 기호는 지도를 읽는 사람이 지도의 정보를 빠르게 얻는 데 도움을 주지요.

지도를 살펴보면 ♂, ⊥ 같은 기호를 찾을 수 있어요. ♂는 과수원을 나타내는 기호로, 과일 모양을 본떠 만들었어요. ⊥는 벼를 베고 남은 밑동의 모양을 본떠 만든 것으로 논을 나타내는 기호예요.

지도에 표시된 기호들 중에 모양은 같지만 색이 다른 것이 있는데, 색에 따라 나타내는 것이 달라요. 검은색 ▲는 산을 나타내고, 빨간색 ▲는 화산을 나타내요. 또 —는 길을 나타내는데 빨간색 —는 배가 다니는 길을, 파란색 —는 비행기가 다니는 길을 나타내지요.

학교	병원	경찰서	우체국	시청	군청	해수욕장
교회	절	밭	하천	다리	건물, 길	온천

▲ 지도에 사용되는 다양한 기호

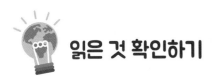
읽은 것 확인하기

1 지도에서 사용하는 기호에 대한 설명으로 **틀린** 것을 고르세요.　　　　　　　(　　　　　)

① 지도를 만들고 읽는 사람들 모두를 위한 약속이에요.

② 기호는 일정한 모양으로 정해져 있어요.

③ 지도를 그릴 때마다 원하는 모양의 기호를 만들어요.

④ 기호는 실제 모습이나 특징을 본떠 만들어요.

2 기호에 대한 글을 읽으면서 알맞은 말에 ○ 하세요.

> 기호는 지도를 읽는 사람이 지도의 정보를 (느리게 / 빠르게) 얻도록 도와주어요.

3 지도에 사용되는 기호가 나타내는 것을 찾아 줄로 이으세요.

| ⊥⊥ | • | • | 과수원 |
| Ȯ | • | • | 논 |

4 모양은 같지만 색깔이 다른 기호에 대한 글을 읽고, 빈 곳에 알맞은 말을 쓰세요.

> 지도에 표시된 기호들 중에 빨간색 ▲는 ＿＿＿＿＿＿＿＿을 나타내고, 파란색 ━는
>
> ＿＿＿＿＿＿＿＿가 다니는 길을 나타내요.

지도를 읽을 수 있어요!

일차

지도에 표시된 기호의 뜻을 살펴야 하기 때문에 지도는 '읽는다'라고 해요. 지도를 제대로 읽으려면 기호뿐만 아니라 지도에 표시된 방위와 축척, 등고선도 알아야 해요.

방위는 지도에 있는 동서남북의 방향을 나타내요. 숫자 4와 비슷하게 생긴 방위표로 나타내는데, 만약 방위표가 없는 지도라면 일반적으로 지도의 위쪽이 북쪽이지요.

축척은 실제 거리를 줄여서 그린 정도를 말해요. 그래서 지도에 표시된 축척을 살펴보면 실제 거리와 넓이도 알 수 있어요.

등고선은 땅의 높낮이를 나타낸 것인데, 바다의 수면*을 기준으로 해서 같은 높이인 곳들끼리 이은 선이에요. 등고선은 바깥쪽에서 안쪽으로 갈수록 땅의 높이는 더 높아지고, 등고선의 간격이 넓을수록 실제 지형의 경사*는 완만해요. 반대로 등고선의 간격이 좁을수록 실제 지형의 경사는 가파르*지요.

이처럼 지도의 다양한 정보를 담아낸 방위와 축척, 등고선을 살펴보면 복잡해 보이는 지도도 쉽게 읽을 수 있어요.

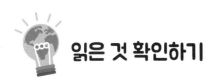

1 지도에 대한 글을 읽으면서 알맞은 말에 ◯ 하세요.

> 지도에 표시된 기호의 뜻을 살펴야 하기 때문에 지도는 '(안다 / 읽는다)'라고 해요.

2 방위에 대한 글을 읽고, 빈 곳에 알맞은 말을 쓰세요.

> 방위는 지도에 있는 동서남북의 ＿＿＿＿＿＿＿＿ 을 나타내요.

3 실제 거리를 줄여서 지도에 그린 정도를 말하는 것은 무엇인지 알맞은 글자를 찾아 색칠하세요.

방　　　축　　　위　　　표　　　척

4 등고선에 대한 설명으로 맞으면 ◯, 틀리면 ✕ 하세요.

(1) 수면을 기준으로 해서 다른 높이인 곳들끼리 이은 선이에요. (　　　　)

(2) 땅의 높낮이를 나타내요. (　　　　)

(3) 등고선의 안쪽으로 갈수록 땅의 높이가 더 높아져요. (　　　　)

(4) 등고선의 간격이 좁을수록 실제 지형의 경사가 완만해요. (　　　　)

🔍 **용어풀이**

• **수면** 물의 겉면.

• **경사** 비스듬히 기울어진 상태나 정도.

• **완만하다** 경사가 급하지 않다.

• **가파르다** 산이나 길이 몹시 기울어져 있다.

12
일차

옛날에도 지도가 있었을까요?

김정호는 조선 후기의 대표적인 지리학자이자 지도 제작자*예요. 30여 년 동안 우리나라 지도를 만드는 데 온 힘을 바쳤어요.

1834년에 김정호는 우리나라 지도인 〈청구도〉를 만들었어요. 지도 위에 중요한 역사적 사건에 대한 정보도 함께 담아낸 지도예요.

지도를 본 사람들은 모두 감탄했지만, 김정호는 아직 부족하다고 생각하며 더욱 뛰어난 지도를 만들기 위해 노력했어요.

그 결과 1861년, 김정호는 조선 시대의 가장 자세하고 과학적인 지도로 평가받는 〈대동여지도〉를 완성했어요.

김정호가 전국을 직접 다니며 조사해 만든 〈대동여지도〉는 산맥이나 강줄기와 같은 지형이 자세하게 표시되어 있고, 오늘날의 지도와 같이 기호가 사용되었어요. 또한, 커다란 지도를 22첩*에 나누어 담아 병풍처럼 만들었어요. 병풍처럼 접었다 펼치며 지도를 한눈에 볼 수 있게 만든 것이지요.

목판본*으로 만든 〈대동여지도〉는 한꺼번에 많은 양의 지도를 찍어 낼 수 있었어요. 그 덕분에 많은 사람들이 지도를 사용할 수 있었지요.

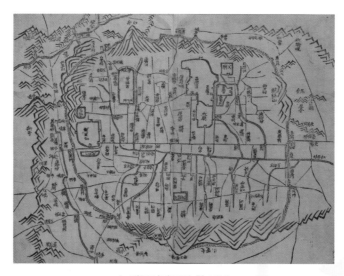

▲ 대동여지도의 한 부분

1 글을 읽고, 누구에 대한 설명인지 고르세요.　　　　　　　　(　　　　)

> 조선 후기의 대표적인 지리학자이자 지도 제작자로 30여 년 동안 우리나라 지도 만들기에 온 힘을 바쳤어요.

① 유관순　　　　② 이순신　　　　③ 윤봉길　　　　④ 김정호

2 〈청구도〉에 대한 글을 읽으면서 알맞은 말에 ○ 하세요.

> (1834년 / 1861년)에 만들어진 〈청구도〉에는 중요한 (관습과 전통 / 역사적 사건)에 대한 정보도 함께 담겨 있어요.

3 조선 시대의 가장 자세하고 과학적인 지도로 평가받는 지도의 이름을 쓰세요.

✎ _____

4 대동여지도에 대한 설명으로 맞으면 ○, 틀리면 ✕ 하세요.

⑴ 지도를 22첩에 나누어 담아 병풍처럼 만들었어요.　　　　　　(　　　　)

⑵ 종이 한 장에 그려진 지도예요.　　　　　　　　　　　　　　(　　　　)

⑶ 기호가 사용되지 않았어요.　　　　　　　　　　　　　　　(　　　　)

⑷ 목판본으로 만들어져 한꺼번에 많은 양을 찍어 낼 수 있었어요.　(　　　　)

🔍 용어풀이
- **제작자** 물건이나 예술 작품을 만드는 사람.
- **첩** 사진이나 그림 등의 낱장을 묶어 놓은 책.
- **목판본** 나무로 만든 판에 찍어 낸 책.

13 일차

전자 지도란 무엇일까요?

과거에도 현재에도 사람들은 여행을 할 때 지도를 사용해요. 그렇다면 지도를 사용하는 모습도 똑같을까요? 다르다면 어떤 모습이 달라졌을까요?

여행을 할 때 과거에는 종이 지도를 보며 길을 찾았지만, 오늘날에는 지리 정보 시스템*이 사용된 전자 지도를 보며 길을 찾아요.

2000년 이후에 인터넷과 통신 기술이 발달하면서 지리 정보 시스템도 함께 발전했어요. 엄청난 양의 지리 정보를 제공하는 지리 정보 시스템과 함께 전자 지도는 우리 생활에 빠르게 퍼져 나갔지요.

그렇다면 사람들이 일상생활에서 사용하는 전자 지도에는 어떤 것이 있을까요? 우리가 컴퓨터나 휴대 전화로 볼 수 있는 '인터넷 지리 정보 서비스*'나 부모님이 자동차를 운전할 때 길을 알려 주는 장치인 '내비게이션'을 전자 지도라고 할 수 있지요.

전자 지도는 간단한 검색으로 가고 싶은 곳에 대한 정보를 빠르게 볼 수 있고, 원하는 곳만 바로 확대해서 볼 수도 있어요. 또한 지도를 보는 사람의 움직임에 따라 전자 기기의 화면에 나타나는 지도도 함께 움직이지요. 이처럼 여러 가지 장점을 가진 전자 지도의 사용으로 우리의 생활은 더욱 편리해지고 있답니다.

▲ 다양한 기기에서 사용되는 전자 지도

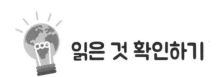

읽은 것 확인하기

1 지도의 사용에 대한 글을 읽으면서 알맞은 말에 ◯ 하세요.

> 과거에는 (종이 지도 / 전자 지도)를 보며 여행을 다녔지만, 오늘날에는 (종이 지도 / 전자 지도)를 보며 여행을 다녀요.

2 지리 정보 시스템에 대한 설명으로 맞으면 ◯, 틀리면 ✕ 하세요.

⑴ 2000년 이후에 지리 정보 시스템이 발전했어요. 　　　　(　　　　　)

⑵ 전자 지도에는 지리 정보 시스템이 사용되지 않아요. 　　　　(　　　　　)

⑶ 지리 정보 시스템과 함께 전자 지도가 우리 생활에 퍼져 나갔어요. (　　　　　)

3 전자 지도에 해당하는 것을 고르세요. 　　　　　　　(　　　　　)

① 교통 지도 책　　　　　　　　　② 지구본

③ 종이 노선도　　　　　　　　　④ 인터넷 지리 정보 서비스

4 운전할 때 길을 알려 주는 전자 지도의 이름을 찾아 색칠하세요.

　　　지구본　　　　　　　〈대동여지도〉　　　　　　내비게이션

용어 풀이

• **지리 정보 시스템** 인공위성을 사용해 지구 환경 변화에 관한 정보를 얻는 정보 시스템.

• **지리 정보 서비스** 일정한 곳의 지형이나 길 등의 상황이나 자료를 제공하는 서비스.

한걸음더! 우리나라 옛 지도 나와라, 뚝딱!

▶ 우리나라에는 놀랄 만한 옛 지도들이 많았다고 해요. 다양한 옛 지도들을 살펴보세요.

● 19세기 중반에 만든 것으로 여겨지는 〈해좌전도〉예요. 오래 전에 만들어진 지도이지만, 우리나라의 각 고을과 산줄기, 하천, 호수, 도로 등의 내용이 자세하게 담겨 있어요. 또한, 지도에는 울릉도와 지금의 독도인 우산도가 우리 땅으로 표시되어 있지요.

우리나라 지도 바깥 부분에는 백두산, 금강산, 설악산 등 10여 개의 이름난 산들의 위치와 섬에 대한 설명이 적혀 있어요. 그리고 고조선, 신라, 고려의 고을 개수를 적어 놓아서 오늘날 우리나라의 모습과 비교할 수 있는 좋은 자료가 되고 있어요.

▲ 〈해좌전도〉

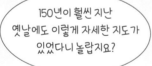

150년이 훨씬 지난 옛날에도 이렇게 자세한 지도가 있었다니 놀랍지요?

● 김정호의 〈대동여지도〉를 작게 줄여서 만든 〈대동여지전도〉예요. 조선 철종 때 만들어진 것으로 알려져 있어요. 지도를 보면 산줄기를 나타낸 선의 굵기가 조금씩 다른 것을 알 수 있는데, 이는 산줄기의 크고 작음을 나타내는 것이에요. 또 각 고을의 정확한 위치와 더불어 도로가 자세하게 표현되어 있고, 서울로부터의 거리도 함께 적혀 있어요. 지도의 오른쪽에는 우리나라 땅에 대한 설명이 적혀 있지요.

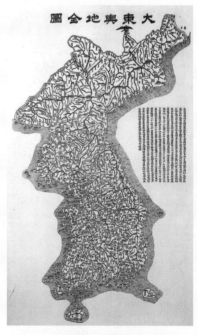

▲ 〈대동여지전도〉

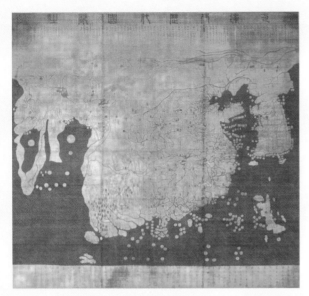

▲ 〈혼일강리역대국도지도 〉

● 1402년 조선의 제3대 왕이었던 태종 때 만들어진 〈혼일강리역대국도지도〉예요. 현재 남아있는 옛 지도 가운데 동양 최고의 지도라고 평가받고 있어요.

유럽과 아프리카까지 그려진 세계 지도인데, 우리나라가 아주 크게 그려져 있는 점이 독특해요. 이는 우리 조상들이 나라에 대해 가졌던 자부심을 나타내기도 하지요.

조선 시대에도 세계 지도가 있었군요!

우리나라와 먼 곳에도 나라가 있다니 신기하군요!

▶ 우리나라의 옛 지도에 대한 설명으로 맞으면 ○, 틀리면 ✕ 하세요.

1 〈해좌전도〉에는 이름난 산들의 위치와 섬에 대한 설명이 있어요. ( )

2 〈혼일강리역대국도지도〉에는 울릉도와 우산도가 그려져 있어요. ( )

3 〈대동여지도〉는 〈대동여지전도〉를 작게 줄여서 만든 지도예요. ( )

4 〈대동여지전도〉의 산줄기를 나타낸 선의 굵기는 조금씩 달라요. ( )

5 〈혼일강리역대국도지도〉에는 우리나라 땅이 아주 작게 그려져 있어요. ( )

6 〈혼일강리역대국도지도〉에는 고조선, 신라, 고려의 고을 개수가 적혀 있어요. ( )

14 일차 우리의 전통 밥상, 반상

옛날 우리 조상들이 먹던 밥상의 모습은 어땠을까요?

조상들이 먹던 전통 밥상을 '반상'이라고 하는데, 우리가 밥과 함께 국, 반찬을 먹는 것처럼 조상들도 밥과 국을 비롯해 몇 가지 반찬을 함께 차려 먹었어요.

반상은 받는 사람에 따라 부르는 이름이 달라졌어요. 아랫사람에게 줄 때는 '밥상', 웃어른께 올릴 때는 '진짓상', 임금님께 올릴 때는 '수라상'이라고 불렀어요.

반상은 반찬의 가짓수에 따라 3첩, 7첩, 9첩, 12첩 반상으로 나뉘었어요. 3첩 반상은 평민, 7첩과 9첩 반상은 양반, 12첩 반상은 왕이 먹는 밥상이었어요.

전통 밥상에는 여러 가지 반찬이 있었지만, 그중에서도 조상들이 주로 먹던 반찬이 있었어요. 고사리, 도라지와 같은 여러 가지 채소들을 재료로 하여 만든 나물 반찬이었지요. 또한, 조상들은 국을 먹으며 밥과 반찬의 부족한 영양분을 채우기도 했어요.

1 조상들이 먹던 전통 밥상의 이름을 쓰세요.

✏️ _____

2 반상을 받는 사람과 알맞은 반상의 이름을 찾아 줄로 이으세요.

웃어른	•		•	수라상
임금님	•		•	진짓상
아랫사람	•		•	밥상

3 전통 밥상에 대한 설명으로 맞으면 ◯, 틀리면 ✕ 하세요.

⑴ 반찬의 가짓수에 따라 3첩, 7첩, 9첩, 12첩 반상으로 나뉘어요.   (   )

⑵ 7첩과 9첩 반상은 평민이 먹는 밥상이에요.   (   )

⑶ 국은 밥과 반찬의 부족한 영양분을 채워 주기도 했어요.   (   )

4 반찬에 대한 글을 읽고, 빈 곳에 알맞은 말을 쓰세요.

> 고사리와 도라지처럼 여러 채소들을 재료로 하여 만든 _____은
>
> 조상들이 주로 먹던 반찬이에요.

15 일차 묵을수록 맛나는 장

부모님이 음식을 만들 때 간장이나 된장, 고추장을 사용하는 것을 본 적이 있나요? 우리가 자주 먹는 국이나 반찬은 간장, 된장, 고추장과 같은 전통 장으로 간을 조절하여 만들어요.

옛날부터 전해 오는 전통 장은 음식 본래의 맛을 살리기 위해 꼭 필요한 양념이라 우리 조상들은 장을 만드는 데 정성을 기울였지요.

그렇다면 전통 장은 어떻게 만들어 질까요? 먼저, 장을 만들 때는 기본 재료로 콩과 소금이 들어가요. 가마솥*에 삶은 콩을 절구에 찧은 다음, 작게 뭉쳐서 말리면 메주가 되는데, 그것을 소금물에 담가 짭짤한 간장을 만들어요. 간장을 만들고 남은 메주 덩어리는 구수한 된장을 만드는 데 사용되어요.

단백질이 풍부한 콩을 발효*시켜 만든 전통 장은 오래 묵을수록 맛이 깊어져요. 그래서 우리 조상들은 직접 만든 장을 장독에 넣고, 바람이 잘 통하고 햇빛이 잘 드는 곳에 두어 늘 장의 상태를 살폈답니다.

▲ 고추장과 된장

읽은 것 확인하기

1 전통 장이 <u>아닌</u> 것을 찾아 색칠하세요.

간장   케첩   된장   고추장

2 전통 장을 만드는 기본 재료 두 가지를 쓰세요.

✎ _____ , _____

3 전통 장에 대한 글을 읽으면서 알맞은 말에 ○ 하세요.

가마솥에 삶은 콩을 절구에 찧은 다음, 작게 뭉쳐서 말리면 (소금 / 메주)이(가) 되는데, 그것을 소금물에 담가 (된장 / 간장)을 만들어요.

4 조상들이 직접 만든 장을 넣는 곳을 고르세요.   (   )

① 가마솥   ② 냉장고   ③ 유리병   ④ 장독

• **가마솥** 옛날 우리나라에서 밥을 짓거나 음식을 끓일 때 쓰던 크고 우묵하게 생긴 솥.

• **발효** 효모나 세균 등의 미생물이 유기물을 분해시키는 작용. 된장, 치즈 등을 만드는 데 쓰임.

16 일차

쫄깃쫄깃 맛있는 떡

예로부터 떡은 잔칫날부터 제삿날까지 중요한 날에는 빠지지 않는 음식이었어요. 전통 먹거리인 떡은 쌀과 같은 곡식 가루를 찌거나, 그 찐 것을 빚어서 만들어요. 여러 가지 잡곡이나 대추, 쑥, 호박과 같은 재료를 넣기도 하는데, 어떤 재료를 넣는지에 따라 떡의 맛과 모양이 달라져요. 달콤한 떡, 고소한 떡, 동그란 떡, 네모난 떡, 반달 모양의 떡 등 그 맛과 모양도 다양하지요.

옛날에는 봄이 되면 '화전'이라는 떡을 먹었어요. 진달래나 개나리 등의 꽃잎을 따다가 찹쌀가루로 만든 둥근 반죽 위에 올리고 기름에 노릇노릇하게 부쳐 만들었지요.

잔칫상에는 '오색편'이라고도 부르는 '무지개떡'을 올렸어요. 층마다 여러 가지 빛깔의 떡가루*를 넣어서 쪄낸 무지개떡은 이름처럼 화려한 색을 가지고 있어요.

떡가루에 콩이나 팥을 섞어 쪄낸 '시루떡'은 집안에 특별한 일이 있을 때 이웃과 나누어 먹었어요. 오늘날에도 이사를 하면 이웃에 시루떡을 돌리는 풍습*이 남아 있답니다.

▲ 무지개떡

▲ 시루떡

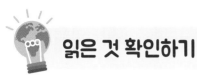 

1 떡에 대한 글을 읽으면서 알맞은 말에 ◯ 하세요.

> 전통 (놀이 / 먹거리)인 떡은 쌀과 같은 (밀가루 / 곡식 가루)를 찌거나, 그 찐 것을 빚어서 만들어요.

2 화전에 대한 설명으로 맞으면 ◯, 틀리면 ✕ 하세요.

(1) 봄이 되면 꽃잎을 따다가 만들었어요.   (   )

(2) 떡가루에 콩이나 팥을 섞어 쪄내 만들었어요.   (   )

(3) 색이 화려해서 잔칫상에 꼭 올렸어요.   (   )

(4) 찹쌀가루로 만든 둥근 반죽 위에 꽃잎을 올렸어요.   (   )

3 오색편이라고도 불리며, 화려한 색을 지닌 떡의 이름을 찾아 글자를 색칠하세요.

미   무   자   지   개   게   떡

4 집안에 특별한 일이 있을 때 먹던 떡으로, 이사를 하고 이웃에 돌리는 떡의 이름을 쓰세요.

✎ _____

 용어풀이 • **떡가루** 떡을 만들기 위해 곡식을 빻은 가루.

       • **풍습** 옛날부터 그 사회에 전해 오는 생활 전반에 걸친 습관을 아울러 이르는 말.

17 일차 어깨가 들썩들썩, 탈놀이

예로부터 우리나라 사람들은 탈놀이를 하거나 춤을 추며 마을의 안녕을 빌었어요. 무서운 표정의 탈을 쓰면 몹쓸 귀신을 쫓고 나쁜 기운을 몰아낼 수 있다고 믿었기 때문이에요. 또한, 신분 제도 때문에 양반의 잘못을 말할 수 없었던 평민들이 탈을 쓰고 양반을 우스꽝스럽게 흉내 내며 사회를 풍자*했어요.

이러한 탈놀이는 각 지방마다 특색 있는 탈과 옷, 춤 동작으로 전해지고 있어요. 황해도 봉산군의 '봉산 탈춤'은 알록달록한 탈을 쓴 채, 익살스럽게 양반과 현실을 풍자해요. 경상남도 통영에는 장구, 북 등의 타악기를 주로 사용하는 '통영 오광대'라는 탈놀이가 유명해요. 사자춤이 특징인 봉산 탈춤은 통영 오광대와 국가 무형 문화재로 지정되기도 했지요.

경상북도 안동시의 하회 마을에는 '하회 별신굿'이 전해지고 있어요. 겉으로는 점잖은 척 하면서 나쁜 행동을 일삼는 양반과 중의 모습을 풍자하고 가난한 서민들의 생활 모습을 보여 주지요.

이처럼 옛사람들은 탈놀이를 즐기며 온갖 기쁨, 슬픔, 화, 즐거움 등을 모두 풀어냈답니다.

▲ 탈놀이의 한 장면

1 탈놀이에 대한 설명으로 맞으면 ○, 틀리면 ✕ 하세요.

(1) 무서운 표정의 탈을 쓰면 몹쓸 귀신이 온다고 믿었어요.　　　　　　(　　　　)

(2) 양반을 흉내 내며 사회를 풍자했어요.　　　　　　　　　　　　　(　　　　)

(3) 각 지방마다 탈, 옷, 춤 동작이 모두 똑같아요.　　　　　　　　　(　　　　)

2 〈보기〉를 읽고, 알맞은 탈놀이를 고르세요.　　　　　　　　　　(　　　　)

> 보기
>
> 황해도 봉산군의 탈놀이로, 알록달록한 탈을 쓴 채 양반과 현실을 풍자해요.

① 통영 오광대　　　　② 하회 별신굿　　　　③ 봉산 탈춤　　　　④ 양주 별산대놀이

3 탈놀이에 대한 글을 읽고, 빈 곳에 알맞은 말을 쓰세요.

> 통영에서는 장구, 북 등의 ＿＿＿＿＿＿＿＿＿＿를 주로 사용하는 ＿＿＿＿＿＿＿＿＿＿
>
> 라는 탈놀이가 유명해요.

4 탈놀이가 <u>아닌</u> 것을 찾아 색칠하세요.

　　하회 별신굿　　　　　　강강술래　　　　　　봉산 탈춤

 • 풍자 다른 사람의 결점을 다른 것에 빗대어 비웃으며 드러내거나 공격함.

18 일차 옛사람들의 즐거움, 민속놀이

우리 조상들은 어떤 놀이를 하며 시간을 보냈을까요? 옛사람들은 일을 할 때도, 여가를 즐길 때에도 가족 또는 마을 사람들과 함께 다양한 놀이를 했어요. 이렇게 옛날부터 전해 내려오는 놀이로, 사람들의 생활과 풍속이 잘 드러나는 놀이를 '민속놀이'라고 하지요.

농사일을 중요시 여기던 옛사람들은 다양한 놀이를 하며 풍년*을 빌었어요. 사람들끼리 편을 가른 뒤, 굵고 긴 밧줄을 양쪽에서 서로 잡아당기며 승부를 겨루는 놀이인 '줄다리기'가 그중 하나이지요.

또한, 달력이 없던 옛날에는 달이 변하는 모양을 보고 농사를 지었는데, 한 해의 첫 보름달이 뜨는 정월 대보름을 중요하게 여겼어요. 그래서 정월 대보름 전날, 논과 밭의 두렁*에 불을 붙여 태우는 '쥐불놀이'를 했어요. 빈 깡통이나 긴 막대기, 숯불을 사용해 쥐불놀이를 하며 해충*을 없애고, 재가 된 풀은 농사지을 땅의 거름으로 사용했어요.

옛 여인들이 하던 놀이로는 크고 둥근 달 아래에서 여럿이 손을 잡고 둥글게 돌며 노래하는 '강강술래'가 있었어요. 이 밖에도 화살을 병 속에 던지는 놀이인 '투호'와 혼자 또는 둘이서 그네 위에 올라타 그네를 앞뒤로 움직이는 '그네뛰기' 등의 민속놀이도 있었어요.

▲ 투호 놀이를 하는 아이들의 모습

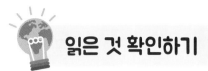

읽은 것 확인하기

📅 읽은 날짜 :   월   일

1 민속놀이에 대한 글을 읽으면서 알맞은 말에 ◯ 하세요.

> 민속놀이는 옛날부터 전해 내려오는 놀이예요. 사람들이 함께 모여 즐기던 민속놀이에는 사람들의 (신분 / 생활)과 (풍속 / 산업)이 잘 드러나요.

2 크고 둥근 달 아래에서 여럿이 손을 잡고 둥글게 돌며 노래하던 놀이의 이름을 쓰세요.

✏️ _____

3 쥐불놀이에 필요한 물건을 모두 찾아 색칠하세요.

| 굵고 긴 밧줄 | 빈 깡통 | 그네 | 숯불 |

4 화살을 병 속에 던지는 놀이의 이름을 고르세요.   (   )

① 강강술래   ② 줄다리기   ③ 투호   ④ 쥐불놀이

- **풍년** 곡식이 잘 자라고 잘 여물어 다른 해보다 거두어들인 농작물이 많은 해.
- **두렁** 논이나 밭 가장자리에 경계를 이룰 수 있도록 볼록하게 만든 것.
- **해충** 사람들의 생활에 해를 끼치는 벌레를 통틀어 이르는 말.

19일차 옛날 아이들은 어떤 놀이를 했을까요?

옛날에는 온 동네 아이들이 밖에서 신나게 뛰어놀았어요. 아이들의 놀이는 복잡한 규칙이나 방법 없이 쉽게 따라 할 수 있는 것이 대부분이었어요.

아이들은 흙이나 돌, 나뭇가지처럼 자연에서 쉽게 구할 수 있는 것들을 놀이 도구로 사용했어요. 또한, 좁은 골목길이나 넓은 공터, 강가와 같이 친구들과 모일 수 있는 곳이라면 어디든 놀이 공간으로 만들었지요.

흙이 많은 곳에서는 흙더미에 한 손을 묻고, 다른 손으로 그 위를 두드리며 두꺼비집을 만드는 놀이를 했어요. 강가에서는 납작한 돌멩이를 강물에 던지며 물수제비 뜨기를 하거나 작은 돌멩이를 모아 공기놀이도 즐겼지요.

여러 명의 친구들이 모이면 한 명이 술래가 되어 숨은 친구들을 찾아내는 술래잡기를 했어요. 범위가 정해진 땅에 각자의 돌멩이를 퉁긴* 대로 금을 그어 자기 땅을 넓혀 가는 땅따먹기도 즐겼어요. 땅따먹기에는 작은 땅이라도 자기 땅을 갖고 싶어 하던 옛사람들의 바람이 담겨 있어요. 땅바닥에 여러 칸으로 나눈 놀이 판을 그려 놓고, 돌멩이를 던져 칸을 차례로 돌아오는 사방치기도 아이들이 즐기던 놀이였어요. 이렇게 친구들과 밖에서 신나게 놀다 보면 어느새 해가 저물기도 했답니다.

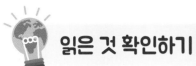 

1 옛날 아이들의 놀이 모습으로 맞는 것을 모두 고르세요.   (,   )

① 온 동네 아이들이 집 안에서만 놀았어요.

② 놀이 규칙이나 방법이 복잡해서 따라 하기 힘들었어요.

③ 흙이나 돌처럼 쉽게 구할 수 있는 것들을 놀이 도구로 사용했어요.

④ 친구들과 모일 수 있는 곳이라면 어디든 놀이 공간이 되었어요.

2 강가에서 돌멩이를 주워 강물에 던지는 놀이의 이름을 찾아 색칠하세요.

술래잡기   공기놀이   물수제비 뜨기

3 한 명의 술래가 숨은 친구들을 찾아내는 놀이의 이름을 쓰세요.

✎ _____

4 옛날 아이들이 즐겼던 놀이에 대한 설명으로 맞으면 ◯, 틀리면 ✕ 하세요.

⑴ 땅따먹기에는 땅을 갖고 싶어 하던 옛사람들의 바람이 담겼어요.   (   )

⑵ 돌과 나뭇가지로 두꺼비집을 만드는 놀이도 했어요.   (   )

⑶ 사방치기는 땅바닥에 놀이 판을 그려 놓고 하는 놀이예요.   (   )

 용어풀이 • **퉁기다** 버티어 놓은 물건을 틀어지거나 쏙 빠지게 건드리다.

조선 시대의 보드게임, 승람도 놀이

승람도 놀이는 조선 시대에 하던 놀이로, 넓은 종이로 된 놀이 판에 전국의 명승지*를 유람*하는 놀이예요. 놀이 판의 각 칸에는 우리나라의 산이나 절, 고을 등 다양한 명승지의 이름이 쓰여 있지요.

놀이 방법은 주사위를 던져 나온 수만큼 칸을 옮기며 전국의 명승지를 구경한 다음, 다시 출발한 곳으로 먼저 돌아오는 사람이 이기는 놀이예요. 큰 놀이 판을 펼쳐 놓고 여럿이 둘러 앉아 놀이하는 모습이 마치 오늘날의 보드게임을 하는 모습과 비슷하지요?

▲ 승람도 놀이에 사용되는 놀이 판인 〈청구남승도〉

• **명승지** 경치가 좋기로 이름난 곳.
• **유람** 돌아다니며 구경함.

오늘날의 명승지가 적힌 승람도 놀이를 해 볼까요? 놀이 방법을 읽고 명승지를 구경하며 놀이하세요.

출발 →

엔(N) 서울 타워

남한산성

인천 국제공항

설악산

독도

오죽헌

*준비물: 주사위, 말

놀이 방법

1. 출발 칸에 말을 놓고, 주사위를 던지는 순서를 정해요.
2. 주사위를 던져 큰 수가 나온 사람이 한 칸 앞으로 이동해요.
3. 이동한 칸의 지역 이름을 말하고, 그곳의 다른 명승지나 특징을 말해요.
4. 2~3을 번갈아 놀이해요.
5. 도착 칸에 먼저 도착한 사람이 이겨요.

땅끝 마을

한라산

도착 ↓

광한루원

"안동이야. 도산 서원도 유명해!"

군항 마을

첨성대

하회 마을

현충사

20 일차 정치란 무엇일까요?

정치는 나라를 다스리는 일을 말해요. 사람들 사이에 의견이 다르거나 다툼이 생겼을 때 해결하는 역할도 해요. 정치는 다른 사람과 함께 살아가기 위해 꼭 필요하며, 사회 질서를 바로잡아 더 나은 세상을 만드는 데 도움을 주지요.

그렇다면 정치는 국회 의원이나 대통령과 같은 사람들만 할 수 있는 것일까요? 정치는 세상의 모든 사람들이 할 수 있는 일이에요. 의견 차이나 다툼은 가족이나 친구 사이에도 일어날 수 있기 때문이지요.

만약 갈등*이 생겼을 때 사람들이 서로 자기 의견만 내세운다면 어떻게 될까요? 사람들의 관계는 점점 나빠지고, 사회도 혼란스러워질 거예요. 그래서 타협점*을 찾고 갈등을 해결하기 위해 정치가 필요한 것이지요.

그렇다면 서로 다른 의견을 어떻게 하나의 의견으로 모을 수 있을까요? 충분한 대화와 토론*을 통해 서로의 생각을 조금씩 양보하거나 투표*를 통해 의견을 모을 수 있어요.

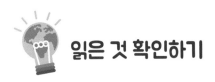 
1 나라를 다스리는 일을 무엇이라고 하는지 쓰세요.

✏️ _____

2 정치에 대한 설명으로 알맞은 것을 모두 고르세요.   (,   )

① 정치는 국회 의원이나 대통령만 할 수 있어요.

② 정치는 모든 사람들이 할 수 있어요.

③ 정치는 사회를 혼란스럽게 만들어요.

④ 정치는 타협점을 찾기 위해 필요해요.

3 사람들이 서로 자기 의견만 내세울 때 생길 수 있는 상황으로 맞으면 ◯, 틀리면 ✕ 하세요.

(1) 사회가 혼란스러워져요.   (   )

(2) 빠르게 의견을 모을 수 있어요.   (   )

(3) 사람들의 관계가 나빠져요.   (   )

4 서로 다른 의견을 하나로 모을 수 있는 방법이 <u>아닌</u> 것을 찾아 색칠하세요.

투표   고집   토론

🔍 용어풀이
• **갈등** 개인이나 집단 사이에 목표나 이해관계가 달라 서로 적으로 여기거나 부딪히는 상태.

• **타협점** 어떤 일을 서로 양보하는 마음으로 협력하여 의논할 수 있는 점.

• **토론** 어떤 문제에 대해 여러 사람이 각각 의견을 말하며 논의함.

• **투표** 선거를 하거나 찬성 또는 반대를 결정할 때 투표용지에 의견을 표시하여 일정한 곳에 내는 일.

21
일차
우리 생활에서 만나는 정치

민재네 교실에서 '급식을 받는 순서를 정해요'라는 주제로 학급 회의가 열렸어요. 급식을 받을 때마다 뒷줄에 선 친구들의 불만이 나왔기 때문이에요.

학급 회의에서는 왜 그런 문제가 발생했는지 먼저 친구들의 이야기를 들어보기로 했어요. 그 다음에는 친구들이 제시한 해결 방법에 어떤 장점과 단점이 있는지 토론을 하였어요. 그리고 어떤 방법이 좋을지 투표를 하여 가장 많은 사람들이 찬성한 방법대로 줄을 서기로 했지요. 이처럼 학교에서도 갈등을 해결하는 과정인 정치가 이루어지는 것을 볼 수 있어요.

집에서 가족들이 빨래나 청소와 같은 집안일을 어떻게 맡을지 의견을 나누는 것도 정치의 예로 볼 수 있어요. 쓰레기 문제나 주차 문제를 해결하기 위해 주민 회의를 여는 것도 일상생활에서 발견할 수 있는 정치의 모습이지요.

많은 사람들이 정치는 어렵고 정치에 대해 잘 모른다고 생각해요. 또, 정치는 어른들이 하는 것이고, 어린이와는 상관이 없다고도 여기지요. 하지만 우리는 모두 생활 속에서 정치에 참여하고 있기 때문에 정치를 생활의 한 부분이라고 생각하는 자세를 지녀야 해요.

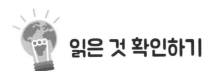

1 민재네 교실에서 열린 것이 무엇인지 알맞은 글자를 찾아 색칠하세요.

학   혹   급   회   우   의

2 학급 회의에서 친구들이 한 일이 아닌 것을 고르세요.   (   )

① 왜 문제가 발생했는지 이야기했어요.

② 해결 방법에는 어떤 장점과 단점이 있는지 토론했어요.

③ 어떤 방법이 좋을지 투표를 했어요.

④ 가장 적은 사람들이 찬성한 의견대로 줄을 서기로 했어요.

3 생활 속 정치에 대한 설명으로 맞으면 ◯, 틀리면 ✕ 하세요.

⑴ 쓰레기 문제를 해결하기 위해 주민 회의를 해요.   (   )

⑵ 주차 문제를 해결하기 위해 싸워요.   (   )

⑶ 집안일을 각자 어떻게 맡을지 의견을 나누어요.   (   )

4 정치에 대한 글을 읽고, 빈 곳에 알맞은 말을 쓰세요.

우리는 모두 _____ 에서 정치에 _____ 하고 있

기 때문에, 정치를 생활의 한 부분이라고 생각하는 자세를 지녀야 해요.

22 일차 지역 문제와 주민 참여, 님비 현상

뉴스에서 소각장*과 같은 혐오 시설*이 자신이 사는 지역에 들어서는 것을 반대하는 사람들을 본 적이 있나요?

쓰레기를 처리하는 시설이 필요한 것은 알지만, 이러한 시설이 자신이 사는 지역에 생기는 것을 반대하는 행동을 '님비 현상'의 예로 볼 수 있어요. 님비 현상은 공공의 이익을 위해서는 필요하지만, 자신이 속한 지역에 이롭지 않은 일은 반대하는 이기적인 행동이지요. 님비(NIMBY)라는 말은 '내 뒷마당에서는 안 된다(Not In My Back Yard).'라는 영어 문장 속 단어의 글자를 따서 만들었어요.

그렇다면 님비 현상은 왜 일어나는 것일까요? 지역 주민들이 혐오 시설에서 나오는 환경 오염* 물질들로 인해 나쁜 영향을 받을 수도 있다는 불안감을 가지기 때문이에요.

이기적인 행동인 님비 현상은 어떻게 극복할 수 있을까요? 혐오 시설을 세우기 전에 적합한 장소를 정하는 단계에서부터 지역 주민들과 대화를 통해 서로의 의견을 나누어요. 또한, 혐오 시설이 지역에 들어설 경우에는 지역 주민들에게 해를 끼치는 환경 오염 물질을 줄일 수 있는 방법을 마련하는 등 모두가 함께 노력해야 해요.

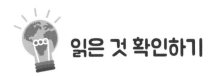 

1 님비 현상에 대한 글을 읽고, 빈 곳에 알맞은 말을 쓰세요.

> 님비 현상은 공공의 ＿＿＿＿＿＿＿＿＿을 위해서는 필요하지만, 자신이 속한 지역에
> 는 이롭지 않은 일을 ＿＿＿＿＿＿＿＿＿하는 이기적인 행동이에요.

2 님비 현상이 일어나는 이유로 알맞은 것을 고르세요.　　　　　(　　　　)

① 환경 오염 물질들로 인해 나쁜 영향을 받을 수도 있다는 불안감 때문이에요.

② 자신이 사는 지역에만 이익이 되는 것이 미안하기 때문이에요.

③ 많은 사람들을 위해 필요한 시설이 아니기 때문이에요.

④ 혐오 시설은 다른 지역에만 필요하기 때문이에요.

3 혐오 시설에 해당하는 것을 찾아 색칠하세요.

병원　　　　　우체국　　　　　공원　　　　　소각장

4 님비 현상을 극복할 수 있는 방법으로 맞으면 ○, 틀리면 ✕ 하세요.

⑴ 지역 주민들과 대화를 통해 서로의 의견을 나누어요.　　　　　(　　　)

⑵ 지역 주민들의 이기적인 행동을 비난해요.　　　　　(　　　)

⑶ 혐오 시설에서 나오는 환경 오염 물질을 줄이는 방법을 마련해요.　　(　　　)

🔍 **용어풀이**
- **소각장** 쓰레기나 폐기물 따위를 불에 태워 버리는 장소.
- **혐오 시설** 지역 주민에게 공포감이나 고통을 주거나, 주변 지역의 쾌적함을 훼손하는 등 부정적인 결과를 일으킨다고 여겨지는 시설.
- **오염** 더러워지거나 더럽게 만드는 것.

23 일차 시민의 목소리, 시민 단체

사회의 여러 가지 문제를 해결하기 위해 뜻이 맞는 시민들이 스스로 만들어 활동하는 단체를 '시민 단체'라고 해요.

시민 단체는 활동에 필요한 비용을 회원과 시민들의 도움을 받아 마련하고, 개인이나 집단의 이익이 아닌 사회 전체의 이익을 위해 활동하지요.

시민 단체의 활동은 우리가 정치에 참여할 수 있는 적극적인 방법 중 하나예요. 공정한 선거가 이루어지는지, 예산*이 낭비되지는 않는지 정부의 여러 가지 정책*을 감시하여 정부가 정책을 결정하는 데 영향을 주기 때문이지요.

또한, 더 좋은 사회를 만들기 위해 주인 의식*을 가지고 노력하는 단체가 많아요. 우리나라에는 정치, 경제, 환경 등 다양한 분야에서 활동하는 시민 단체들이 있어요. 공정하고 깨끗한 경제를 만들고자 하는 '경제 정의 실천 시민 연합', 소비자의 권리를 보호하고 환경을 생각하는 '녹색 소비자 연대'와 같은 단체들이 그에 속하지요. 우리나라뿐 아니라 전 세계 시민들로 이루어진 '그린 피스', '국경 없는 의사회'와 같은 단체들이 환경, 의료, 인권* 등 여러 분야에서 활동하고 있어요.

1 사회의 문제를 해결하기 위해 시민들이 만들어 활동하는 단체를 무엇이라고 하는지 쓰세요.

✏️ _____

2 시민 단체에 대한 글을 읽으면서 알맞은 말에 ◯ 하세요.

시민 단체는 개인이나 집단의 (이익 / 손해)이(가) 아니라, 사회 (전체 / 일부)의 이익을 위해 일해요.

3 시민 단체에 대한 설명으로 <u>틀린</u> 것을 고르세요. ( )

① 정부의 여러 가지 정책을 감시해요.

② 우리가 정치에 참여할 수 있는 적극적인 방법이에요.

③ 활동에 필요한 비용은 회원과 시민들의 도움을 받아 마련해요.

④ 우리나라에는 노동과 정치에 관련된 시민 단체들만 있어요.

4 우리나라의 시민 단체를 찾아 색칠하세요.

경제 정의 실천 시민 연합   국경 없는 의사회   그린피스

 • **예산** 필요한 비용을 미리 헤아려 계산함. 또는 그 비용.

• **정책** 정치적 목적을 이루기 위한 방법.

• **주인 의식** 일이나 단체에서 책임감을 가지고 이끌어 가야 한다는 의식.

• **인권** 인간으로서 당연히 가지는 기본적 권리.

⭐ '님비'란 말은 어떻게 유래되었을까요?

'님비(NIMBY)'라는 말은 1987년 미국에서 처음 사용되었어요. 미국의 뉴욕 근처에 있는 아이슬립이라는 지역에서는 주민들이 버린 쓰레기를 처리할 곳을 찾지 못했어요. 그래서 화물선 '모브로 4000호'에 쓰레기 3천여 톤을 싣고 미국과 남아메리카 대륙을 돌며 쓰레기를 받아줄 곳을 찾아다녔어요. 하지만, 모든 지역에서는 '내 뒷마당에는 안 된다(Not In My Back Yard).'라고 외치며 쓰레기를 받아 주지 않았지요. 결국 모브로 4000호는 쓰레기를 그대로 실은 채, 6개월 뒤 다시 아이슬립으로 돌아갈 수밖에 없었어요. 지역의 주민들이 자신이 사는 지역에 쓰레기를 실은 배가 들어오지 못하도록 막은 것에서 '님비'라는 말이 생겨났어요.

⭐ 님비의 반대말은, 핌피?

'핌피(PIMFY)'는 '내 앞마당으로 오세요(Please In My Front Yard).'라는 영어 문장의 글자를 따서 만든 말이에요. 대형 병원이나 쇼핑센터, 공공시설처럼 지역에 이익을 가져오고, 생활의 편리함을 높이는 시설들이 자신들이 사는 지역에 들어서는 것에 적극적으로 찬성하는 것을 뜻해요. 핌피 현상은 님비 현상과 서로 반대되는 말이에요. 하지만 '지역 이기주의'라는 점에서는 님비 현상과 크게 다르지 않아요.

▶ 쓰레기를 실은 모브로 4000호가 '뉴욕 → 멕시코 → 바하마 → 벨리즈'를 순서대로 지나가며 아이슬립에 도착하도록 길을 찾아가세요.

24 일차

선택의 문제는 왜 일어날까요?

사람들은 일상생활에서 다양한 경제 활동을 해요. 경제 활동은 사람들이 생활하는 데 필요한 것들을 생산*, 판매*, 소비*하는 것과 관련된 모든 활동을 말하지요. 공장에서 물건을 만드는 것, 가게에서 물건을 파는 것, 시장에서 물건을 사는 것, 은행에 돈을 저축하는 것 등이 모두 경제 활동이라고 할 수 있어요.

그런데 모든 사람은 경제 활동을 하면서 늘 선택의 고민에 빠져요. 분식집에서 음식을 만드는 사람은 음식을 어느 정도의 양으로 만들지 고민하고, 음식을 사려는 사람은 무엇을 먹을지 고민하지요.

그렇다면 선택의 문제는 왜 일어날까요? 그것은 자원*과 돈의 희소성* 때문이에요. 만약 내가 가진 오천 원으로 분식집에서 음식을 살 경우, 오천 원이 넘지 않는 금액에서 튀김을 살지 떡볶이를 살지 고민해야 하지요. 돈의 희소성 때문에 선택의 문제가 일어난 것이에요.

이처럼 사람들은 한정된 자원과 돈으로 경제 활동을 하기 때문에 더 큰 만족을 얻기 위한 선택의 고민을 하게 되지요.

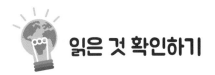 **읽은 것 확인하기**

1　경제 활동에 해당하는 것을 모두 찾아 색칠하세요.

생산　　　　휴식　　　　소비　　　　판매

2　경제 활동에 대한 설명으로 맞으면 ◯, 틀리면 ✕ 하세요.

⑴ 사람들은 일상생활에서 다양한 경제 활동을 해요.　　　　　(　　　　)

⑵ 공장에서 물건을 만드는 것은 경제 활동이 아니에요.　　　(　　　　)

⑶ 시장에서 물건을 사는 것은 경제 활동이에요.　　　　　　(　　　　)

3　경제 활동에 대한 글을 읽고, 빈 곳에 알맞은 말을 쓰세요.

경제 활동을 하는 모든 사람은 늘 ＿＿＿＿＿＿＿＿의 고민에 빠져요.

4　선택의 문제에 대한 글을 읽으면서 알맞은 말에 ◯ 하세요.

선택의 문제가 일어나는 이유는 자원과 돈의 (넉넉함 / 희소성) 때문이에요.

 용어풀이

• **생산** 각종 물건을 만들어 냄.

• **판매** 상품 따위를 파는 것.

• **소비** 돈이나 물건, 재료, 시간, 노력을 들이거나 써서 없앰.

• **자원** 사람들의 생활과 경제 생산에 이용되는 원료를 통틀어 이르는 말.

• **희소성** 사람들이 물질과 관련된 것을 얻고자 하는 것에 비해 그것을 채워 주는 것이 부족한 상태.

25 일차 현명한 선택은 어떻게 할까요?

우리는 어떻게 해야 현명한 선택을 내릴 수 있을까요?

현명한 선택을 하려면 나에게 꼭 필요한 것이나 내가 더 소중히 여기는 것을 선택해야 해요. 즉 기회비용이 더 작은 것을 선택하는 것이지요.

'기회비용'이란 둘 중에 하나를 선택해야 하는 상황에서 내가 한 선택으로 인해 포기한 것의 가치를 말해요. 예를 들면, 내가 문방구에 있는 공책과 연필 중에 한 가지만 사야 한다고 생각해 보세요. 내가 연필을 샀다면, 공책을 샀을 때의 가치를 기회비용이라고 할 수 있어요.

기회비용을 줄이며 현명한 선택을 하기 위해서는 합리적*으로 결정하는 과정이 필요해요. 그렇다면 어떤 과정을 통해 결정해야 할까요? 먼저 사야 할 물건의 우선순위*를 정해요. 살 물건을 정했다면 가격이나 디자인, 품질 등 나만의 선택 기준을 세워 여러 제품을 비교해 보아요. 이때 각 제품의 장점과 단점을 비교해 보고, 자신이 세운 기준에 가장 알맞은 것을 선택해요.

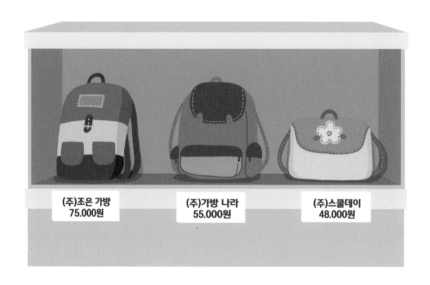

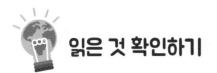
1 현명한 선택에 대한 설명으로 맞으면 ◯, 틀리면 ✕ 하세요.

(1) 내가 더 소중하게 여기는 것을 선택해요.　　　　　　　　　(　　　　)

(2) 기회비용이 큰 것을 선택해요.　　　　　　　　　　　　　　(　　　　)

(3) 내가 꼭 필요한 것을 선택해요.　　　　　　　　　　　　　　(　　　　)

2 내가 한 선택으로 인해 포기한 것의 가치를 무엇이라고 하는지 쓰세요.

✏️ _____

3 현명한 선택에 대한 글을 읽고, 빈 곳에 알맞은 말을 쓰세요.

> 기회비용을 줄이며 현명한 선택을 하기 위해서는 _____으로 결정
>
> 하는 과정이 필요해요.

4 합리적으로 소비를 결정하는 과정 중, 첫 번째 할 일에 해당하는 것을 고르세요.　(　　　　)

① 선택 기준 세우기

② 알맞은 제품 고르기

③ 우선순위 정하기

④ 가격 비교하기

🔍 **용어풀이** · **합리적** 말이나 글, 행동이 체계적이고 논리적으로 알맞음.

· **우선순위** 어떤 것을 먼저 차지하거나 사용할 수 있는 차례나 위치.

선택하기 힘들다면 점수를 매겨요!

> 합리적으로 결정을 내리려면 어떻게 해야 할까요? 갖고 싶은 물건을 사려는 유민이와 친구에게 책을 보내려는 윤아가 어떤 기준으로 현명한 선택을 하였는지 알아보아요.
> ○: 그래요 (3점) / △: 보통이에요 (2점) / ×: 그렇지 않아요 (1점)

1 물건을 사려는 유민이

선택 기준 \ 물건	공책	필통	색연필
가진 돈으로 살 수 있나요?	△	○	△
나에게 꼭 필요한가요?	△	○	×
오래 쓸 수 있나요?	×	○	○
점수	5	⑨	6

유민이의 선택 기준에 따라 점수를 매겨 보니 '필통 (9점) → 색연필 (6점) → 공책 (5점)' 순서대로 높은 점수가 나왔어요. 가장 높은 점수가 나온 필통을 사는 것이 현명한 선택이 되는 것이지요.

2 책을 보내려는 윤아

선택 기준 \ 방법	우체국의 우편	편의점의 택배	직접 가져다주기
가진 돈으로 이용할 수 있나요?	○	△	○
물건이 빠르게 도착할 수 있나요?	○	△	×
안전하게 보낼 수 있나요?	△	△	○
점수	⑧	6	7

윤아의 선택 기준에 따라 점수를 매겨 보니 '우체국 우편 (8점) → 직접 가져다주기 (7점) → 편의점 택배 (6점)' 순서대로 높은 점수가 나왔어요. 가장 높은 점수가 나온 우체국 우편을 이용하는 것이 현명한 선택이 되는 것이지요.

> 표에 있는 점수를 계산해 빈칸에 쓰고, 가장 높은 점수가 나온 선택을 골라 빈 곳에 쓰세요.
  ○: 그래요 (3점) / △: 보통이에요 (2점) / ×: 그렇지 않아요 (1점)

1 친구 집에 가요. 어떤 교통수단을 선택할까요?

선택 기준 \ 교통수단	버스	택시	자전거
가진 돈으로 탈 수 있나요?	○	△	○
편리한가요?	△	○	×
안전한가요?	○	○	△
정해진 시간에 도착할 수 있나요?	△	○	×
점수	10		

2 엄마의 생일이에요. 어떤 선물을 선택할까요?

선택 기준 \ 선물	반지	책	꽃
가진 돈으로 살 수 있나요?	×	○	○
엄마가 좋아할까요?	○	○	△
엄마가 오래 쓸 수 있을까요?	○	○	×
엄마가 자주 쓸까요?	△	○	△
점수	9		

해답과 도움말

📖 8~9쪽

사회 문화

1일차 고장의 이름은 어떻게 지어졌을까요?

1 (1) ×, (2) ○, (3) ○
2 두, 물, 머, 리
3 (순서대로) 잠실, 하논
4 (순서대로) 양잠, 세종

사회 문화

2일차 하나의 나라에서 쓰이는 말, 표준어와 방언

📖 10~11쪽

1 은어, 비속어
2 (순서대로) 표준어, 의사소통
3 (순서대로) 지방, 사투리
4 ①, ②

도움말 우리나라는 강원도, 충청도, 전라도, 경상도, 제주도 등 각 지역에서 사용하는 방언이 있어요.

사회 문화

3일차 고장의 환경에 따라 다른 생활 모습

📖 12~13쪽

1 ④
2 (순서대로) 논, 고랭지 농업
3 국립 공원, 삼림욕장
4 (1) ×, (2) ○, (3) ○

도움말 고랭지는 600미터 이상의 높은 곳으로, 서늘한 기후를 지니고 있어요. 최근에는 지구 온난화로 인해 고랭지의 기온이 올라가면서, 서늘한 기후에서 자라는 농작물에 병이 들거나 잘 자라지 못하는 현상이 일어나고 있어요.

사회 문화

4일차 가족의 의미

📖 14~15쪽

1 가족
2 결혼, 출생, 입양
3 (순서대로) 결혼, 독립
4 (1) ×, (2) ○, (3) ×, (4) ○

사회 문화

5일차 가족의 모습은 어떻게 변했을까요?

📖 16~17쪽

1 확대 가족
2 (순서대로) 한 부모 가족, 입양 가족
3 아이와 엄마
4 ②, ④

도움말 오늘날에는 남녀 모두 직업을 가진 부부가 일부러 자녀를 낳지 않고 풍족하게 지내고자 하는 '딩크족', 결혼하지 않고 혼자 사는 '독신 가족'의 형태도 볼 수 있어요.

사회 문화

6일차 옛날과 오늘날의 결혼 풍경

📖 18~19쪽

1 백년해로
2 (순서대로) 폐백, 혼인
3 허례허식
4 (1) ✕, (2) ◯, (3) ◯, (4) ✕

도움말 우리나라는 결혼식을 앞두고 신랑의 집에서 신부의 집으로 '함'을 보내는 전통이 있어요. 함에는 신랑과 신부가 결혼 기념으로 주고받는 물건이나 편지가 들어 있지요. 오늘날에는 함을 보내는 과정을 생략하기도 해요.

사회 문화

7일차 다문화 가족이란 무엇일까요?

📖 20~21쪽

1 다문화 가족
2 (순서대로) 민족, 문화
3 ③, ④
4 한국어 교육, 자녀 생활 서비스

도움말 '다누리'라는 누리집을 방문하면 다문화 가족을 위한 다양한 지원 프로그램과 정보를 볼 수 있어요. 또 다문화 가족과 우리나라로 이주한 사람들을 위해 다양한 교육 프로그램을 제공하기도 해요.

1 ✕
2 ✕
3 ✕
4 ✕
5 ○

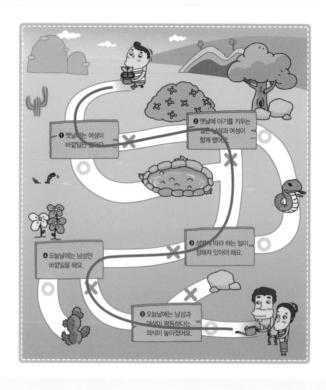

8일차 **지리** 지도란 무엇일까요? 📖 24~25쪽

1 (순서대로) 작게, 그림
2 (순서대로) 지도, 그림
3 (1) ○, (2) ○, (3) ✕
4 (순서대로) 맞아요, 틀려요

9일차 **지리** 지도는 모두 똑같을까요? 📖 26~27쪽

1 (1) ○, (2) ✕, (3) ○, (4) ○
2 일반도
3 지형도, 세계 지도
4 ③

도움말 각 지역별 인구의 많고 적음이나 위치를 한눈에 알기 쉽게 나타낸 '인구분포도'와 텔레비전의 일기 예보에서 자주 볼 수 있는 '일기도' 또한 주제도예요.

지리 10일차 지도에는 어떤 기호가 사용될까요?

📖 28~29쪽

1 ③
2 빠르게
3 (순서대로) 논, 과수원
4 화산, 비행기

지리 11일차 지도를 읽을 수 있어요!

📖 30~31쪽

1 읽는다
2 방향
3 축, 척
4 (1) ✕, (2) ○, (3) ○, (4) ✕

도움말 대한민국 전도와 같이 우리나라의 전체 지형을 나타낸 지도에서는 땅의 색깔로 지형의 높낮이를 알 수 있어요. 주로 높은 산간 지대는 갈색으로, 평평한 평야 지대는 연두색으로 나타내지요.

지리 12일차 옛날에도 지도가 있었을까요?

📖 32~33쪽

1 ④
2 (순서대로) 1834년, 역사적 사건
3 대동여지도
4 (1) ○, (2) ✕, (3) ✕, (4) ○

지리 13일차 전자 지도란 무엇일까요?

📖 34~35쪽

1 (순서대로) 종이 지도, 전자 지도
2 (1) ○, (2) ✕, (3) ○
3 ④
4 내비게이션

도움말 휴대 전화의 다양한 애플리케이션을 통해 전자 지도를 사용할 수 있어요.

우리나라 옛 지도 나와라, 뚝딱! 📖 36~37쪽

1 ○
2 ×
3 ×
4 ○
5 ×
6 ×

전통문화

14일차 우리의 전통 밥상, 반상 📖 38~39쪽

1 반상
2 (순서대로) 진짓상, 수라상, 밥상
3 (1) ○, (2) ×, (3) ○
4 나물 반찬

도움말 수라상은 크고 작은 세 개의 상이 한꺼번에 차려지는데, 왕이 음식을 먹기 전에 먼저 '기미 상궁'이라는 사람이 음식 맛을 보고 음식에 이상이 없는지 확인했어요.

전통문화

15일차 묵을수록 맛나는 장 📖 40~41쪽

1 케첩
2 콩, 소금
3 (순서대로) 메주, 간장
4 ④

도움말 고추장은 들어가는 재료에 따라 찹쌀 고추장, 밀가루 고추장, 보리 고추장으로 나뉘어요. 특히 전라북도 순창에서 만든 '순창 고추장'은 맛이 뛰어난 찹쌀 고추장으로 옛날부터 잘 알려져 있어요.

전통문화

16일차 쫄깃쫄깃 맛있는 떡 📖 42~43쪽

1 (순서대로) 먹거리, 곡식 가루
2 (1) ○, (2) ×, (3) ×, (4) ○
3 무, 지, 개, 떡
4 시루떡

도움말 송편은 추석 때 햇곡식으로 빚는 떡으로, 조상에게 감사하는 뜻으로 차례상에 올렸어요. 팥이나 깨, 잣, 대추 등 여러 가지 재료를 넣어 만들었지요.

전통문화

17일차 어깨가 들썩들썩, 탈놀이 📖 44~45쪽

1 (1) ✕, (2) ◯, (3) ✕
2 ③
3 (순서대로) 타악기, 통영 오광대
4 강강술래

도움말 사자춤은 사자탈을 쓰고 사자의 동작을 흉내 내며 추는 춤이에요.

전통문화

18일차 옛사람들의 즐거움, 민속놀이 📖 46~47쪽

1 (순서대로) 생활, 풍속
2 강강술래
3 빈 깡통, 숯불
4 ③

도움말 삼국 시대부터 시작된 투호 놀이는 일정한 거리에서 화살을 병 속에 더 많이 넣는 사람이 이기는 놀이예요.

전통문화

19일차 옛날 아이들은 어떤 놀이를 했을까요? 📖 48~49쪽

1 ③, ④
2 물수제비 뜨기
3 술래잡기
4 (1) ◯, (2) ✕, (3) ◯

(말판 순서대로) *정답은 각 지역에 해당하는 명승지나 특징의 예시임.

엔(N) 서울 타워 서울특별시예요. 경복궁, 국회 의사당도 있어요.

남한산성 경기도 광주시예요. 송정역 시장도 있어요.

인천 국제공항 인천광역시예요. 월미도, 송도 해수욕장도 있어요.

설악산 강원도 속초시예요. 비룡 폭포와 속초 해수욕장도 있어요.

독도 경상북도 울릉군이예요. 독도는 화산섬으로 만들어졌어요.

오죽헌 강원도 강릉시예요. 강릉 경포대도 있어요.

현충사 충청남도 아산시예요. 온양 온천도 있어요.

하회 마을 경상북도 안동시예요. 퇴계 이황을 기리는 도산 서원도 있어요.

첨성대 경상북도 경주시예요. 불국사와 석굴암도 있어요.

군항 마을 경상남도 창원시예요. 충무공 이순신의 동상도 있어요.

광한루원 전라북도 남원시예요. 매년 봄에 춘향제가 열려요.

정치

20일차　정치란 무엇일까요?　📖 52~53쪽

1 정치

2 ②, ④

3 (1) ◯, (2) ✕, (3) ◯

4 고집

정치

21일차　우리 생활에서 만나는 정치　📖 54~55쪽

1 학, 급, 회, 의

2 ④

3 (1) ◯, (2) ✕, (3) ◯

4 (순서대로) 생활 속, 참여

정치

22일차 **지역 문제와 주민 참여, 님비 현상** 📖 56~57쪽

1 (순서대로) 이익, 반대
2 ①
3 소각장
4 (1) ◯, (2) ✕, (3) ◯

도움말 오늘날에는 혐오 시설 근처에 공원, 인공 호수와 같은 시설들을 만들어 혐오 시설을 짓는 대신 지역에 도움이 되는 시설도 함께 제공하여 님비 현상을 줄이고자 하는 노력을 기울이고 있어요.

정치

23일차 **시민의 목소리, 시민 단체** 📖 58~59쪽

1 시민 단체
2 (순서대로) 이익, 전체
3 ④
4 경제 정의 실천 시민 연합

한 걸음 더! 👣 **지역 이기주의에 대해 살펴볼까요?** 📖 60~61쪽

24일차 선택의 문제는 왜 일어날까요?

📖 62~63쪽

1 생산, 소비, 판매

2 (1) ○, (2) ×, (3) ○

3 선택

4 희소성

> **도움말** 희소성은 시대나 상황에 따라 다양하게 나타나요. 예를 들어 한 나라에 바이러스가 갑자기 퍼질 경우, 이에 옮는 것을 막기 위해 마스크를 찾는 사람이 많아지고, 마스크의 수는 부족해져 마스크의 희소성이 올라가요. 반면, 바이러스가 사라지면 마스크를 찾는 사람이 줄어 희소성이 떨어지지요.

25일차 현명한 선택은 어떻게 할까요?

📖 64~65쪽

1 (1) ○, (2) ×, (3) ○

2 기회비용

3 합리적

4 ③

한 걸음 더! 선택하기 힘들다면 점수를 매겨요!

📖 66~67쪽

1

교통수단	버스	택시	자전거
점수	10	11	7

✏️ 택시

2

선물	반지	책	꽃
점수	9	12	8

✏️ 책

찾아보기